KB250478

논술의 지배자
마열다의 한눈에
사로잡는
슈퍼논술
실전편

논술의 지배자 마열다의
한눈에 사로잡는 슈퍼논술 – 실전편
ⓒ마열다 2013

초판 1쇄 발행일 2013년 5월 28일

지 은 이 마열다
펴 낸 이 이정원

출판책임 박성규
편집책임 선우미정
편집진행 김재은
편   집 김상진 · 한진우 · 조아라 · 김솔
디 자 인 김지연 · 김세린
마 케 팅 석철호 · 나다연 · 도한나
경영지원 김은주 · 이순복
제   작 송승욱
관   리 구법모 · 엄철용

펴 낸 곳 도서출판 들녘
등록일자 1987년 12월 12일
등록번호 10-156
주   소 경기도 파주시 문발동 출판문화정보산업단지 513-9
전   화 마케팅 031-955-7374   편집 031-955-7381   경영지원 031-955-7375
팩시밀리 031-955-7393
홈페이지 www.ddd21.co.kr

I S B N 978-89-7527-673-6 (14710)
        978-89-7527-890-7 (세트)
값은 뒤표지에 있습니다. 잘못된 책은 구입하신 곳에서 바꿔드립니다.

논술의 지배자 마열다의

한눈에 사로잡는

슈퍼 논술 실전편

마열다 지음

들녘

대학별 논술 유형은 없다!

입시철만 되면 대치동 학원가에는 '○○대학 논술 집중반'이라는 현수막이 걸립니다. 사실 이 광고는 잘못되었습니다. 논술을 '집중해서 공부한다'는 것은 도대체 어떤 것일까요? 하루종일 책만 읽고 글만 쓰거나 대학별 기출문제만 열심히 푸는 집중식 공부를 한다고 해서 갑자기 논술 실력이 늘지는 않을 것입니다.

그렇지만 매년 이 광고가 걸리는 데는 몇 가지 이유가 있습니다. 아직 우리나라는 논술 교육의 역사가 짧으며 논술 지도를 하는 사람도 많지 않습니다. 그래서 뚜렷한 기준이 있기보다는 각자의 생각대로 논술을 정의하고 있기 때문에 '논술'이라는 개념을 통합적으로 설명하기 어렵습니다. 그러다보니 일반 교과목처럼 '집중 교육'이 가능하다고 이야기하는 사람도 있고, 신문 사설로 논술을 공부하라고 부추기는 언론사 등도 있습니다. 물론 '글'이라는 큰 의미에서 보면 도움이 되겠지만 현행 대입 논술과는 주제나 형식 면에서 거리가 있습니다.

또 사람들은 논술 시험이 대학 재량으로 출제되고 치러지기 때문에 대학별로 확연한 차이가 날 것이라 생각합니다. 시험의 출제나 시행을 대학별로 하는 것은 맞습니다. 그러나 A대학이건 B대학이건 '논술'의 범위를 벗어날 수 없습니다. 즉 아무리 특이한 논술 문제를 고심하는 대학이 있다 해도 논술이 갖는 고유한 서술형식을 벗어나고서 '논술 시험'이라고 할 수는 없는 것입니다. 더불어 논제로 다루는 주제에 있어서도 프랑스처럼 지정된 커리큘럼이 있는 것이 아니며, 과거 교육부가 제시했던 논술 가이드마저 유야무야 된 상태이기 때문에 대학은 그야말로 바다처럼 많은 소재 중에서 논제를 고를 수 있습니다.

전형을 코앞에 둔 시점에 비로소 논술을 준비하는 대개의 고등학생들은 지원 대학을 직접적, 집중적으로 준비해준다는 말에 귀가 솔깃할 수밖에 없습니다. 그러나 곰곰이 생각해봅시다. 논술 시험은 특정 교과서에서 출제되는 시험도 아니며, 특정 대학이 올해도 작년과 비슷한 시험 유형으로 문제를 내리라는 보장도 없습니다. 각 대학이 상반기에 발표하는 논술 모의고사가 유형을 뒷받침하는 유일한 단서인데 주로 1번 문제는 요약 문제, 2번, 3번 문제는 분석이나 비판논증인 경우가 많습니다. 혹은 수리 문제가 추가되기도 합니다.

가장 중요한 것은 '주제'의 유형인데 이는 앞에서 말했듯이 범위가 바다처럼 넓습니다. 각 대학별로 고집하는 주제가 몇 개로 분류되지 않을 때 혹은 이에 상응하는 가이드가 미리 제시되지 않을 때 '대학별' 유형은 존재할 수 없는 것입니다.

이 책은 대학별로 문제를 분석해주거나 기출문제 풀이에 집중하지 않을 것입니다. 대신 '문제 유형'을 파악하고, 그 유형에 따라 어떻게 개요를 짜고 어떻게 서술을 할지에 대해 이야기할 것입니다. 논제의 바다에서 어떤 것이 제시되어도 당황하지 않고 논술을 하기 위해서는 기계적인 분석과 집중 문제 풀이가 아니라 문제 유형과 쓰는 과정에 대한 이해가 필요합니다.

책을 쓰는 과정에서 테스트 수업에 응해준 학생들, 출판계의 불황에도 불구하고 연달아 두 권을 출간할 수 있도록 허락해주신 들녘출판사와 편집자 분들에게 감사의 말을 드립니다.

이 책으로 어떻게 공부해야 할까?

대치동 학원가에서 이루어지는 논술 수업은 크게 상설반과 특강반으로 나뉩니다.

상설반은 시험기간 중 30회 정도의 수업을 하고 특강반은 4회에서 8회 정도로 진행됩니다. 수업 시간이 긴 상설반과 짧은 특강반은 수업 구성이 확연히 다릅니다. 상설반은 인문사회학 분야의 도서들을 탐독하고 이에 대한 자신의 의견을 에세이로 서술하며 토론 등을 통해 다른 학생들과 공유하는 것이 가장 일반적인 수업 방식입니다. 반면 특강반은 수능 수업처럼 대표적인 것, 유형화된 것들을 중심으로 빨리, 많이 습득하는 것을 목표로 합니다.

보다 정석적이고 실력 향상에 도움이 되는 수업은 상설 수업입니다. 지식을 외우고 습득한다고 논술 실력이 늘기는 힘듭니다. 논술에 관한 이론 지식에 열 번 밑줄을 긋는 것보다는 한 줄을 직접 써보는 것이 낫습니다.

책의 구성

본 도서의 1장과 2장은 여러분의 '써보기'를 돕기 위한 장입니다.

1장에는 주요 제시문과 '생각해보기' 항목이 있습니다. 2장에서는 대입 논술을

A(논의파악), B(분석논증), C(비판논증) 등 몇 가지 패턴으로 유형화하고 있습니다.

이렇게 보면 1장보다는 2장이 좀 더 빠른 시간 안에 논술 실력을 늘려줄 것 같습니다. 그러나 시간이 없을수록 1장에 집중을 해야 합니다.

1장에서는 30개의 주제를 묶어 놓았습니다. 이 30개의 주제들은 논술 시험을 포함하여 여기저기에서 자주 등장하는 논의들이고 사람이라면 누구나 한두 번쯤 생각해봄직한 주제들입니다. 2장은 각각의 논제 유형에 관한 이론과 대표문제를 중심으로 구성되어 있습니다. 이때 이론은 대표문제를 직접 푸는 것을 도와주는 조력자 역할을 합니다. 이론만 읽고 귀찮다고 해서 문제를 풀지 않으면 이 책을 충분히 활용하지 못하는 것입니다.

중요한 것은 어떤 주제가 시험에 나올지 '적중'하는 것이 아니라, 해당 주제들에 대한 나의 생각을 글로 표현해보고 더더욱 누군가와 공유하여 평가를 듣는 것입니다. 주변에 그럴 수 있는 사람이 없다면 저, 마열다와 공유하시면 됩니다.(facebook.com/mayolda)

논술 문제를 풀 때는 1장의 주제로 접근하든 2장의 유형으로 접근하든 결국은 '주제'로 귀결될 수밖에 없습니다. 왜 그럴까요? 예를 들어 역사 연구에 대한 문제가 출제되었다 생각해봅시다. 역사에 관한 평소 교양이 없다면 유형을 파악해도 손을 대기 힘든 논제입니다. 최소한 '왜 우리는 역사를 공부하고 그것을 통해 무엇을 얻는가' 등에 관한 질문을 한두 번이라도 생각해본 적이 있는 사람만이 논제에 접근할 수 있습니다. 결국 논술 주제에 자주 노출된 적이 있는 사람은 굳이 유형을 몰라도 논술문을 쓸 수 있는 반면, 형식적 유형만을 아는 사람은 특정 주제에 대해 아예 접근할 수가 없는 것입니다.

논술 고수가 되는 습관

대치동에 가지 않아도 '대치동 레벨' 논술 실력을 쌓을 수 있는 구체적인 방법은?
요령은 없습니다. 습관입니다. 습관으로 굳어진 성실함이 필요합니다. 주어진 과제에 대한 집착, 시간을 효율적으로 활용하는 지혜를 키우려 노력해야 합니다. 모든 공부가 그렇지만 논술은 특히 성실함이 중요합니다. 독서의 중요성은 말할 것도 없습니다.

비법 1

뻔한 얘기지만 제1의 비법은 책입니다. 책을 많이 읽으라고 하면 재미있는 소설만 읽는 경우를 종종 봅니다. 하지만 논술 공부를 위해서는 인문학, 사회학, 자연과학 분야까지 두루두루 읽어야 합니다. 그 책은 오랜 시간 사람들에 의해 스테디셀러로 검증받은 책이어야 하고, 단편적 지식보다 많은 생각을 불러 일으키는 도서여야 합니다. 마열다의 홈페이지(http://mayolda.com)에 방문하면 추천 도서 목록을 볼 수 있습니다.

비법 2

책은 마음의 양식이라고들 하지요? 먹었으면 배출해야 합니다. 에세이를 써봅시다. 막연히 느낀 점 위주로 쓰기보다는 책과 관련한 특정 주제를 정한 후 그에 관해 쓰는 것이 좋습니다. 그 과정에서 책의 내용이 감고될 수 있고 저자의 생각에 대한 반박 등이 생길 수 있습니다. 책의 저자와 '맞짱'을 뜨는 기분으로 즐겁게 써보세요.

비법 3

공유해야 합니다. 내가 쓴 에세이는 순수한 주관 덩어리입니다. 이 덩이리는 누군

가로부터 평가와 지적을 받아야 합니다. 그 지적이 나를 깎아내리거나 상처를 줄 수도 있습니다. 그럼에도 공유해야 하는 것은 내 주관에 다른 이의 주관이 더해지는 과정을 밟은 후에라야 비로소 객관이 가능하기 때문입니다.

'공유'라고 하면 다 같이 뭔가를 나누고 누리는 행복한 일로만 느껴지지만 막상 행동에 옮겨보면 즐겁거나 달콤하기만 한 행위는 아닙니다. 그러나 나의 인식을 크고 넓게 만들기 위해서는 피할 수 없는 일입니다. 다만 공부를 위해 공유를 할 때는 나의 지적 능력과 비슷하거나 혹은 나보다 뛰어난 사람과 하는 것이 좋습니다. 무조건 '친한 친구와만 해야지' 같은 생각은 공부할 때는 잠시 접어두세요.

비법 4

사랑하세요. 주제에 대한 집착, 대상에 관한 깊은 이해가 없는 말과 글은 단순 지식의 조합에 불과합니다. 논술의 평가 요소 중 가장 배점이 높은 것은 사고력입니다. 그리고 이 사고력은 Deep & Wide, 즉 깊고 넓은 통찰에 대한 것입니다. 우리가 누군가를 사랑할 때 그의 표정만으로 마음속을 알 수 있는 것이나 친구나 가족이 직접적으로 요구하지 않았어도 필요한 무언가를 준비해주는 것은 모두 애정에서 나옵니다. 대상에 대한 애정은 깊고 넓은 사고력의 동기가 됩니다. 산다는 것은 무엇인가? 죽음은 무엇인가? 가족이란 무엇인가? 세계의 끝은 있는가? 나는 왜 대학에 가려고 하는가? 이 질문들은 자신의 삶과 세계, 자신의 현실에 대한 애정에서 나온 것입니다. 더욱 진하게 사랑하고 머리가 터질 정도로 생각하세요. 어느 순간 횡설수설 뭔가를 끄적거리고 있는 자신을 발견하게 될 것입니다.

비법 5

부유하게 공부하세요. 돈을 들여 공부하라는 뜻이 아닙니다. 자기에게 당장 필요한 것만 골라서 공부하겠다는 가난하고 협소한 마음을 버리세요. 모든 학문은 긴밀하게 연결되어 있습니다. 언어는 논리와 연결되어 있고, 수학은 논리의 직계 자식입니다. 철학은 논리를 거느린 대모이면서 역사, 문학, 자연과학에 이르기까지 학문의 바탕을 마련해줍니다. 폭넓게 읽고 생각하세요. 함부로 한쪽에 치우치는 것은 더 다양하게 맛보고 즐길 수 있는 기회를 놓치는 것입니다. 판단은 가장 나중에, 일단은 경험하고 즐겨야 합니다.

부디 열심히 공부해서 여러분이 자신의 능력을 타인을 위해 사용하는 진짜 슈퍼맨이 되길 바랍니다!

차례

Mission 1

논쟁 주제를 타파하라!

논제 1. 올바른 교육이란 무엇인가?

키워드 : 교육의 정의, 올바른 교육 방법, 평등한 교육

모든 사회에서 교육은 중요한 사안이다. 현재 이루어지는 교육이 미래를 결정하는 주된 원인이기 때문이다. 특히 한국처럼 교육열이 높은 곳에서 교육과 관련한 여러 논의사항은 언제든 논술 주제로 환영받을 수 있다. 그리고 교육은 단순히 교육이라는 특수한 영역의 문제가 아니라 '인간이란 무엇인가', '사회란 무엇인가' 같은 타 영역의 원론적인 주제들과 융합되기 쉬운 주제이다.

〈제시문〉

이성(理性)을 갖추는 시기에 도달할 때까지는 도덕적 존재라든가 사회적 관계에 대한 관념을 가지는 것은 불가능하다. 그러므로 되도록 그런 관념을 나타내는 말은 아이들 앞에서 사용하지 말아야 한다.

아이가 처음에 그런 말에 대하여 잘못된 관념을 가지게 되면, 성인이 되어서도 바로잡기 힘들기 때문이다. 아이의 머리 속에 새겨진 최초의 잘못된 관념은 오류와 악덕의 씨가 된다. 따라서 첫발을 특히 주의하여 내딛지 않으면 안 된다. 아이가 감각적인 사물에 의해서만 자극을 받는 동안에는 아이의 모든 관념이 감각에 머무르도록 하는 것이 좋다. 아이가 주위 어디를 보아도 감각적인 세계만을 볼 수 있게 해 주는 것이 좋다. 그렇게 하지 않으면 아이는 당신 말에 전혀 귀를 기울이지 않게 되든지, 또는 당신이 말하는 도덕적인 세계에 대해 평생 지울 수 없는 환상적인 관념에 사로잡히고 말 것이다.

"아이와 함께 토론하라." - 어떤 철학자가 제시한 중요한 준칙이다. 이 말은 오늘날 대단히 유행하고 있다. 그러나 이 준칙을 지킨 결과는 그리 바람직한 것이 아니다. 나는 어른과 토론을 해온 아이처럼 어리석은 존재는 없을 것이라 생각한다. 인간의 모든 능력 중에서 이른바 다른 모든 능력들을 종합한 능력인 이성은, 가장 까다로운 길을 통해, 그리고 가장 늦게 발달한다. 그럼에도 불구하고 사람들은 그것을 사용하여 다른 능력을 발달시키려 하고 있다.

훌륭한 교육이란 이성적인 인간을 만드는 것이다. 그런데도 사람들은 이성에 의해 아이를 교육하려 한다.

그것은 교육을 맨 마지막 단계에서부터 시작하는 것이다 즉, 목표를 수단으로 삼으려는 것이다. 아이가 이치를 분별한다면 그들을 교육시킬 필요가 없다. 그런데 사람들은 아주 어릴 때부터 조금도 알아듣지 못하는 말을 아이에게 함으로써 그들에게 말만으로 민족하는 습신을 들여주고, 또 아이들이 다른 사람이 말하는 것을 일일이 따져서 사신이 마치 선생과 똑같이 지혜로운 인간인 양 착각하게 하여 논쟁을 좋아하는 반항아가 되도록 가르치고 있다. 그리고 어른이 합리적인 동기에 의해 무엇인가를 아이에게 요구한다는 것에는 반드시 탐욕이나 불안, 허영심 따위가 결부되어 있다.

자연은 아이가 어른이 될 때까지 아이로 있기를 원한다. 이 순서를 어지럽혀 놓으면, 익지도 않고 맛도 없는 그리고 곧 썩어버리는 과일을 만드는 꼴이 된다. 우리는 어린 박사와 늙은 아이를 키우고 있는 셈이다. 아이에게는 아이 특유의 사물을 보는 법, 생각하는 법, 느끼는 법이 있다. 그런데 그들의 방법 대신 어른들이 보는 법, 생각하는 법, 느끼는 법을 가르쳐주려고 하는 것처럼 분별없는 짓은 없다.

따라서 열 살 된 아이에게 판단력을 요구하는 것은, 아이에게 6척의 키를 요구하는 것과 같다. 사실 그 정도의 나이에 이성이 무슨 도움이 되겠는가.

-장 자크 루소, 『에밀』 중에서 (2000, 서울대)

1. 언어를 통해 실체 없는 개념을 미리 아는 것은 왜 위험할까?

2. 교육에 '탐욕이나 불안, 허영심'이 개입되는 것은 왜 나쁠까?

3. 루소는 한국의 교육 모습에 대해 어떻게 평가할까?

프랑스 계몽주의 철학자 루소의 저서 『에밀』의 한 부분이다. 루소는 자연주의적 인간관이라는 인식 아래에서 교육에 관한 논의를 펼친다. 인간은 태어나면서부터 훌륭한 덕목과 능력을 가지고 있는데 다른 인간의 인위적인 작용이 가해짐으로써 그러한 능력이 왜곡되고 사라져버린다고 한다.

특히 본문 내용처럼, 사람이 개념을 정립할 때 스스로 경험해서 도출하지 못한다면 좀 더 빨리 이성적인 인간이 되고자 시도했던 목적에서 정반대로 가는 결과를 낳게 된다. 감각 경험의 과정을 거치지 않고 만들어진 관념은 단순한 지식 습득에 지나지 않으며 특히 이 과정에서 여러 오류와 윤리적 혼란을 얻을 수 있다. '왜 그래야 하고, 왜 그래서는 안 되는가'의 기준은 여러 경험을 통해 스스로 추리해야 할 마지막 결과물이다. 그런데 대개의 어른들은 경험의 과정 없는 주입을 선호한다. 모든 교육은 궁극적으로 이성적 인간을 만드는 것을 목표로 한다.

따라서 교육은 주입이 아니라 끌어내는 것이어야 하며, 데리고 가는 것이 아니라 그의 자유를 존중해주는 것이다. 우리 사회에 만연한, 교육을 또 하나의 투자 개념으로 보는 사고방식으로는 절대 도달할 수 없는 태도이다.

제시문에 나타난 주장을 바탕으로 세 가지 논쟁을 생각해보고 더불어 한국 교육에 대해서도 비판해보자.

논제 2. 어떻게 해야 더 잘 살 수 있을까?

〈제시문〉

무릇 나라를 잘 다스리는 사람은 근본을 밝히는 것이지 말단을 다스리는 것이 아니기 때문에 일은 줄어들고 성과는 큽니다. 지금 얘기하는 사람 치고 "사치가 나날이 심해진다"고 하지 않는 사람이 없으나, 제가 보기에는 그 근본을 모르는 말입니다. 대체로 보아서 다른 나라는 정말로 사치 때문에 망했

으나, 우리나라는 검소함으로써 쇠약해졌습니다.

왜 그러냐 하면, 무늬 있는 비단옷을 입지 않으니 나라 안에 비단 짜는 기계가 없고, 그렇게 되니 여공 길쌈이나 베 짜기 등의 일이 없어졌습니다. 그리고 음악을 숭상하지 않으니, 오음과 육률이 화합하지 못합니다. 물이 새는 배를 타고, 씻기지도 않은 말을 타며, 이지러진 그릇에 밥을 먹고, 흙먼지 나는 방에서 거처하니, 물건 만드는 일이나 목축업 또는 질그릇 굽는 일이 모두 없어졌습니다. 그리고 농사가 황폐해져 그 법을 잃었고, 장사는 이익이 적어서 그 업을 잃었습니다. 모든 백성이 다 곤궁하여 서로 도울 수 없게 되니, 저들 가난한 사람들을 비록 매일같이 사치하라고 다그쳐도 그렇게 될 수가 없습니다.

지금 예를 거행하는 대궐의 뜰에 거적을 깔았고, 동서 대궐문을 지키는 위병은 누명옷을 입고 새끼줄을 매고 있으니, 신은 이것이 진실로 부끄럽습니다.

여기에 대한 계책은 생각하지 않으면서, 도리어 일반인의 집 대문이 높으면 헐어버리고, 가죽신을 신은 평민은 잡아가며, 말몰이꾼이 좋은 방한모를 쓴 것을 좋아하지 않으니, 이것은 말단만을 다스리는 것이 아닙니까?

-박제가, 『북학의』 중에서 (1998, 연세대)

1. 원활한 경제활동에 있어서 소비는 왜 중요한가?

2. 폐쇄적이고 편협한 가치관, 비민주적인 정치 형태는 왜 빈곤을 가져오는가?

초정 박제가의 『북학의』 중에서 조선 사회의 궁핍함을 고하는 부분이나. 박제가는 조선의 궁핍함은 '겸양'이라는 유교적 태도가 일상에 적용되며 생겨난 것으로, 그 때문에 전반적인 국민경제가 퇴락하는 결과를 초래한다고 비판하고 있다. 직접적으로 언급하진 않지만 겸양의 예의를 고수하는 사대부들을 염두에 둔 것이다. 도미노처럼 서로 연관을 맺고 있는 경제 구조에서 절약만이 능사가 아님을 지적하는 그의 인식능력은 현대 경제학사에 못지않은 예리한 추리력을 갖고 있다. 흔히 '아끼면 잘 산다'고 하지만 이는 항상 맞는 말이 아니다. 가령 직장인들이 돈을 아끼기 위해 커피를 사 마시지 않는다면 커피 가게들이 망할 것이며, 커피 가게 사장들은 자동차를 사지 않을 것이고, 그렇게 되면 자동차 회사 직원들 중 일부는 구조조정을 당하게 될 것이다. 이런 식으로 한 사회의 경제는 긴밀하게 연결되어 있고 서로에게 영향을 주고받는다. 특히 분업화되고 협업화되어 있는 현대 사회는 그 어느 때보다 다른 산업, 그리고 다른 나라의 경제 상황에까지 영향을 받는다. 따라서 경제를 단순히 재화의 생산과 소비의 개념이 아닌 거미줄처럼 얽히고설킨 전반적인 인간 활동의 측면에서 바라볼 필요가 있다. 그리고 이 관점에서 원활한 소비가 어떻게 전체 경제에 기여를 하는지, 더불어 언뜻 보면 개인의 이득만을 좇는 것 같은 경제활동이 사실은 가장 민주적이고 연대적인 태도와 자세를 경제활동 주체들에게 요구한다는 것을 생각해보자.

논제 3. 노동이란 무엇인가?

키워드 : 노동의 의미 및 가치, 자아 실현, 노동의 조건

넓은 의미에서 노동은 가치 실현을 위한 인간의 활동 전체를 가리킨다. 특정 직업이 있든 없든 일하는 인간은 모두 노동자이다.

대입 논술에서 '노동'은 인간의 삶과 사회 문제를 논할 때 빠질 수 없는 소재이다. 노동이란 무엇이며 개인의 삶에서 어떠한 기능을 수행하는지 생각해보고, 더불어 사회적인 관점에서 올바른 노동의 조건 등을 생각해보자.

〈제시문〉

바다에 나갈 때 나는 한낱 신원으로서 나간다. 그래서 돛대 앞이나 갑판 아래, 또는 제일 높은 마스트의 꼭대기에서 궂은일을 도맡아 한다. 물론 무슨 일이든지 명령을 받아야 하는 신세이니, 5월의 초원에 뛰노는 메뚜기처럼 이 마스트에서 저 마스트로 바삐 뛰어 다녀야만 한다.

이것은 확실히 괴로운 일이다. 특히 지방 명문가에서 태어난 사람이라면 더욱 자존심이 상할 것이다. 배를 타는 일로 생계를 유지하기 직전까지 어느 시골 학교에서 교사로 으쓱대며 아무리 몸집 큰 학생이라도 두려워 쩔쩔 매도록 한 경험이 있다면 교사에서 선원으로의 변신은 참으로 참담하기 그지없으리라. 세네카나 스토아학파 식의 높은 수양을 쌓지 않고선 적당히 코웃음을 치며 참는다는 것은 불가능한 일이라고 나는 경고하련다.

그러나 시간이 지나면 이런 마음도 차츰 사그라든다. 시골뜨기 늙은 선장이 내게 비를 들고 갑판을 청소하라는 명령을 내린들 어쩌겠는가? 신약성서에 비추어 보면 이 정도의 굴욕이 무슨 대수란 말인가?

노예 아닌 사람이 이 세상에 존재하느냐고 나는 묻고 싶다. 늙은 선장이 아무리 나를 혹사하고 괴롭힌다고 해도, 나는 다른 사람들도 나름대로 육체적 또는 정신적인 의미에서는 노예라고 자위하면서 스스로 만족해한다. 결국 온 세상이 서로에게 주먹질을 하고 있으니 각자는 서로 어깨를 다독거리며 만족하는 수밖에 없다.

다시 한 번 말하지만 나는 언제나 일반 선원의 자격으로 바다에 나간다. 선원 일은 나의 노고에 대해 대가를 지불해주기 때문이다. 동전 한 푼이라도 승객에게 돈을 지불한 예는 없다.

반대로 지불하는 쪽은 오히려 승객이다. 돈을 지불한다는 것과 돈을 받는다는 것은 이 세상에서 얼마나 큰 차이인가? 돈을 받는다는 것, 이를 무엇에 비할 수 있겠는가? 돈은 지상의 온갖 악의 근원이므로 돈을 가진 사람은 절대로 천국에 들어가지 못한다는 우리의 뿌리 깊은 믿음을 생각하면 사람이 돈을 받기 위해 행하는 갸륵한 수고야말로 참으로 놀라운 일이 아니겠는가? 아아, 얼마나 즐겁게 우리는 그 파멸에 몸을 맡기고 있단 말인가?

1. 직업에 귀천이 없다는 말은 사실일까?

2. 노동을 통해 개인이 얻는 이득은 무엇인가?

3. 대부분의 국가는 일자리를 늘려서 개인들에게 노동 기회를 주려고 한다.
   노동을 통해 사회가 얻는 이익은 무엇일까?

현대 사회에서 한 개인을 평가하는 요소 중 하나가 직업이다. 종사하는 직업에 따라 그의 교양, 계층, 간혹 인격까지도 추리하려고 한다. 작품에서도 '교사인 나'와 '선원인 나'를 동일인물이지만 사뭇 다른 사람처럼 묘사하고 있다. 교사였을 때 요구되는 소질이나 능력은 선원으로 일할 때 요구되는 것과 완전히 다르다. 그러나 넓게 보면 교사든 선원이든 주어진 역할에 충실하고, 돈을 지불하는 소비자의 기대에 부응하는 행위라는 점에서 다르지 않다. 시장원리에 따라 움직이는 현대 사회에서 '직업의 귀천'이란 결국 '어떤 직업이 더 많은 돈을 버는가'를 기준으로 나뉜다. 소비하는 수요층이 많은 직업이 더 귀하다는 의미가 된다. 그런가 하면 옛날에는 현재 각광받는 직업인 의사나 연예인이 '처한 직업'으로 괄시 받기도 했다. 이때 직업의 귀천을 나눈 기준은 소득이 아니라 유교 윤리였기 때문이다. 노동은 개인이 자아를 실현하고 사회에 참여할 수 있는 주된 방법이자 한 국가의 원활한 경제활동, 사회복지 수준을 결정짓는 요소이다. 다양하게 접목하여 생각해보자.

논제 4. 전통문화는 어떻게 계승되어야 하는가?

키워드 : 전통문화의 가치, 전통과 현대문화의 충돌, 전통문화 계승의 방법

우리 교과서에는 전통과 관련한 내용이 꼭 들어가 있다. 전통이 파괴되어가고 있는 시대에 대한 위기의 식이 반영된 것이라 할 수 있다.

그러나 전통이라고 무조건 긍정할 수만은 없으며, 다양한 사회적 요구가 빗발치는 현대 사회에서 전통을 지킨다는 것은 간단한 문제가 아니다.

먼저 전통의 의미, 취하고 버릴 기준 등에 있어 많은 논의가 필요하다.

〈제시문〉

　　명절날 나는 엄매 아배 따라 우리집 개는 나를 따라 진할머니 진할아버지

　　있는 큰집으로 가면

얼굴에 별자국이 솜솜 난 말수와 같이 눈도 껌벅거리는 하로에 베 한 필을 짠다는 벌 하나 건너 집엔 복숭아나무가 많은 신리(新里) 고무, 고무의 딸 이녀(李女), 작은 이녀(李女)

열여섯에 사십(四十)이 넘은 홀아비의 후처(後妻)가 된, 포족족하니 성이 잘 나는, 살빛이 매감탕 같은 입술과 젖꼭지는 더 까만, 예수쟁이 마을 가까이 사는 토산(土山) 고무, 고무의 딸 승녀(承女), 아들 승(承)동이

육십리(六十里)라고 해서 파랗게 뵈이는 산을 넘어 있다는 해변에서 과부가 된 코끝이 빨간 언제나 흰 옷이 정하든, 말 끝에 설게 눈물을 짤 때가 많은 큰골 고무, 고무의 딸 홍녀(洪女), 아들 홍(洪)동이, 작은 홍(洪)동이

배나무접을 잘하는 주정을 하면 토방돌을 뽑는, 오리치를 잘 놓는, 먼 섬에 반디젓 담그러 기기를 좋아하는 삼춘, 삼춘 엄매, 사춘 누이, 사춘 동생들이 그득히들 할머니 할아버지가 안간에들 모여서 방안에서는 새 옷의 내음새가 나고 또 인절미, 송구떡, 콩가루차떡의 내음새도 나고, 끼때의 두부와 콩나물과 뽁운 잔디와 고사리와 도야지비계는 모두 선득선득하니 찬 것들이다.

저녁술을 놓은 아이들은 오양간섶 밭마당에 달린 배나무 동산에서 쥐잡이를 하고, 숨굴막질을 하고, 꼬리잡이를 하고, 가마타고 시집가는 놀음, 말타고 장가가는 놀음을 하고, 이렇게 밤이 이슥도록 북적하니 논다.

밤이 깊어 가는 집안엔 엄매는 엄매들끼리 아르간에서들 웃고 이야기하고, 아이들은 아이들끼리 웃간 한 방을 잡고 소아실하고 쌈방이 굴리고 바리 깨돌림하고 호박떼기하고 제비손이구손이하고, 이렇게 하다이 샛기방 등에 심

지를 몇 번이나 돋우고 홍게닭이 몇 번이나 울어서 졸음이 오면 아릇목싸움 자리싸움을 하며 히드득거리다 잠이 든다. 그래서는 문창에 텅납새의 그림자가 치는 아츰 시누이 동세들이 육적하니 홍성거리는 부엌으론 샛문틈으로 장지문틈으로 무이징게 국을 끓이는 맛있는 내음새가 올라오도록 잔다.

-백석, 〈여우난곬족〉 (2009, 서울대)

1. 한국의 전통이라 일컬어지기 위해 갖춰야 하는 속성은 무엇인가?
2. 시인 김수영은 "전통은 아무리 더러운 전통이라도 좋다"라고 하였다. 전통이 갖고 있는 장점은 무엇인가?
3. 전통을 고수하느냐, 변경 혹은 폐기하느냐는 무엇을 기준으로 선택할 수 있는가?

　평안도 사투리와 함께 주로 전통적 소재를 노래하는 백석 시인의 작품이다. 낯선 사투리가 여기저기 산재해 있음에도 불구하고 의미를 파악하기에 큰 무리가 없는 이유는 우리말의 뉘앙스에 우리가 이미 익숙하기 때문이다.

　지형이나 기후, 같은 역사를 공유한 사람들에게는 고유한 사고와 행동이 만들어지게 되고 이를 통해 서로 친숙해진다. 법이나 제도 등으로 강제하지 않으면서도 자연스럽게 우리를 하나로 묶어주는 전통이 만들어지는 것이다. 작품에서처럼 온 가족이 모이는 명절을 경험한 아이는 훗날 어른이 되어서도 이를 고집하고 유지하려 할 것이다. 또 후손들이 명절에 잘 모일 수 있도록 종용할 확률이 크다. 이렇게 세대에서 세대로 이어지는 전통의 내림은 단지 전통을 유지하기만 하는 것이 아니라 경험을 통해 한 개인을 사회화시킨다는 것에 큰 의미가 있다. 명절에 온 가족이 모여 '무이징게 국'을 먹는 행위에는 사회가 지향하는 가족관이나 인간관계 등에 관한 철학이 반영되어 있다. 아이는 경험을 통해 이를 전수받게 되고 어른이 되면 평소보다 긴 시간을 들여 귀성길 행렬에 몸을 싣는 것이다. 한마디로 전통은 행위양식으로 결정화된 사회 정체성이자 이데올로기라 할 수 있다. 따라서 전통 안에서의 삶은 개인과 개인 간에 끈끈한 유대관계를 형성하고 한 개인이 사회에 적응하고 살아가는 데 실질적인 바탕이 된다. 이민자가 쉽게 다른 사회에서 정착하지 못하는 것은 그 사회의 전통에 잇댈 수 있는 경험을 갖고 있지 않기 때문이다.

물론 전통이 제도 등에 의해 인위적으로 만들어진 게 아니듯이 시간이 지나면 언제든 바뀌고 고쳐질 수 있다. 그러나 전통이 많은 사람들의 삶 전반에 이해관계를 낳게 되고 이로 인해 전통이 변화를 요구받을 때는 반대하는 사람과 찬성하는 사람이 나뉘어 다투게 되기도 한다. 전통이 사회 갈등의 원인이 되는 것이다. 함부로 전통을 버리는 것도 문제지만 지나친 전통의 고집은 사회가 발전할 수 있는 기회를 차단하고 특히 타문화에 대한 배타성을 낳아 폐쇄적이고 획일화된 사회를 낳을 수도 있다. 작품을 매개로 하여 전통과 관련한 여러 논의들을 생각해보자.

논제 5. 쾌락의 추구는 나쁜 것인가?

키워드 : 인간 본성, 인간의 이성과 감성, 인간 심리

내가 나에 대해서 딱 부러지게 설명하기가 어렵듯이 인간이 인간을 규정하기란 쉽지 않은 일이다. 관점과 기준에 따라 매번 달라지고 무엇보다 스스로에 대한 객관성을 확보하기 힘들기 때문이다.

인간에 관한 질문은 매년 많은 대학에서 출제된다. 다만 시험 논술이기 때문에 광범위하고 막연하게 제시되기보다는 어떤 매개나 영역을 통해 출제된다. 그러나 어떤 문제이든 '인간이란 무엇인가'라는 큰 질문에서 파생된 것인 만큼, 논의를 너무 좁지 않게 끌고 가는 것이 중요하다.

<제시문>

관능의 숭배는, 극히 당연한 일이지만, 이따금 비난받아 왔다. 그것은 인간이 그 자신보다도 더 강하다고 여기는 정열과 감정에 대해 자연스럽고 본능적인 공포를 느끼고, 또한 인간만큼 고도로 조직화되지 않은 존재 형태를 가

진 것에도 관능이 있다고 의식했기 때문이다. 하지만 세상 사람들이 관능의 참다운 본질을 제대로 이해하지 못하면서 그것을 야만적이고 동물적인 것으로 여기는 것은, 그들이 아름다움에 대한 섬세한 본능을 그 지배적인 성격으로 하는 새로운 영성(靈性)의 요소로 관능을 승화시키지 못하고 굶주림과 고통으로 그것을 억제하고 말살하려 해왔기 때문이라고 도리언 그레이는 생각했다. '역사' 속의 인간을 되돌아보았을 때, 그는 일종의 상실감에 사로잡혔다. 얼마나 많은 것들이 포기되어왔던가! 더구나 아무런 의미도 없이! 거기엔 격렬하고도 완고한 거부(拒否), 기이한 형태의 자기 학대와 자기 부정이 있었다. 그리고 그 원인은 공포심이며, 그 결과는 인간이 무식하기 때문에 거기서 벗어나려고 애써온 그 상상적인 타락보다노 훨씬 더 무서운 타락이었다.

우리 시대에 야릇한 부흥을 보이고 있는 가혹하고 꼴사나운 청교도주의(淸敎徒主義)로부터 인생을 구할 새로운 '쾌락주의'가 일어나야만 한다. 그것은 틀림없이 지성(知性)에도 도움을 주어야만 한다. 하지만 그것은 어떠한 형태의 것일지라도 정열적인 체험을 희생으로 하는 이론이나 체계를 결코 받아들여서는 안 된다. 실제로, 쾌락주의의 목적은 체험 그 자체여야 하는 것이지, 체험이 달든 쓰든 간에 그 결과여서는 안 된다. 관능을 죽이는 금욕주의에 대해서는, 역시 관능을 무디게 하는 저속한 방탕에 대해서와 마찬가지로, 새로운 쾌락주의가 전혀 관여할 바가 아니다. 하지만 쾌락주의는 그 자체가 순간에 불과한 인생의 모든 순간에 자기를 집중하게 하는 것을 인간에게 가르쳐야만 한다.

도리언 그레이에게 있어선 그와 같은 세계의 장소야말로 인생의 참다운 목적이거나 적어도 참다운 목적 중의 하나인 것같이 여겨졌다. 그리고 새로우면서도 즐겁고, 더욱이 로맨스에는 없이시는 안 될 그 이상한 요소를 가진 온갖 감각들을 추구함에 있어서, 그는 때때로 그의 저성에 전혀 어울리지 않는다는 것을 알

고 있는 어떤 사고방식을 받아들여, 그 미묘한 영향력에 몸을 맡기고, 그렇게 함
으로써 이를테면 그 색조를 포착하여 자신의 지적 호기심을 만족시켰다.

-오스카 와일드,『도리언 그레이의 초상』중에서 (2002, 서강대)

1. 왜 우리는 관능이나 감각 같은 감성의 영역보다 이성을 더 중요시할까?

2. 욕망을 무조건적으로 부정할 수는 없다. 그렇다고 인간의 모든 욕망이 허용되
   고 유통되어서도 곤란하다. 욕망 통제의 적절한 기준은 무엇인가?

3. 현대 사회는 과거에 비해 개인의 본능적 쾌락이 더 잘 충족되는가?

아직도 많은 논란을 일으키는 와일드의 작품『도리언 그레이의 초상』일부이다. 와일드는 도리언이라는 미소년을 통해 관능미를 숭상하고, 예술을 위한 삶의 모습 등을 그리고 있다.

지금은 인터넷, 영화 등 무수히 쏟아지는 시각 매체를 통해 그 어느 때보다 관능적인 아름다움을 쉽게 경험할 수 있지만 이는 어디까지나 픽셀 단위가 만들어 낸 영상일 뿐, 오히려 개인 간의 실제 접촉에 의한 감성의 교류와 욕구의 충족은 여러 조건과 과정을 필요로 한다. 쉽게 말해 예전처럼 선남선녀가 서로 만나 사랑하는 기회는 줄어들고 이것을 이미지화한 콘텐츠가 범람하는 상황인 것이다. 이유로는 여러 가지를 찾을 수 있다. 예전에 비해 감성과 욕구를 충족하는 데 사회적 제약과 경제적 비용이 늘어났다. 10대 후반이면 결혼을 하는 것이 일반적이었던 시절도 있었으나 현대 사회의 10대 청소년들은 성인이 될 때까지 이성 간의 교류나 성

적 호기심, 놀이 욕구를 통제 받는다. 성인이 되어서도 경제적, 사회적 제약에 부딪혀 관능이나 쾌락을 추구하기보다는 일을 하거나 공부하는 데 에너지를 쏟게 된다. 그 반작용으로 사람들의 욕망을 담은 콘텐츠가 발달했다고 볼 수도 있다. 현실에서 억압받는 쾌락에의 욕망을 콘텐츠를 통해 해소할 수 있기 때문이다

　　제시문을 바탕으로 인간의 쾌락에 대해 폭넓게 생각해본 다음, 이것의 유통이 쉽지 않은 까닭을 현대 사회와 연결지어 생각해보자.

논제 6. 부는 되물림 되는가?

키워드 : 경제결정론, 계층에 따른 기회의 차이, 기회 평등을 위한 국가의 역할

부익부 빈익빈이라는 말이 있다. 부자는 더욱 부자가 되고 가난한 사람은 더 가난해진다는 뜻이다. 그런 데 부모에게서 자식으로 부가 세습되는 이유가 단지 재산이 많기 때문일까? 우리가 알고 있는 부자들이 모두 이 경우에 해당하지는 않는다. 막연히 과거에 많았기 때문에 현재에도 많다는 것은 지나친 단순화 이다. 부자 부모가 부자 자식을 키워내는 데에는 보다 구체적인 과정이 필요할 것이다. 부와 가난이 어떻 게 세습되고 이에 대한 사회적 대안은 무엇인지 생각해보자.

〈제시문〉

구분		독서가 삶의 행복에 도움을 주는 정도		
		도움 됨	보통	도움 안 됨
학력	중졸 이하	45.4	37.1	17.6
	고졸	55.1	33.6	11.3

	대재 이상	62.2	30.1	7.7
직업	경영/관리직	49.2	40.6	11.2
	사무직	59.6	33.3	8.1
	서비스/판매직	63.3	29.2	8.4
	생산직	43.7	39.7	16.6
	자영업	59.7	29.5	12.9
	전업주부	50.0	36.6	13.4
	학생	67.6	25.9	6.6
	은퇴/무직/기타	56.7	35.6	7.8
가구 소득	100만 원 미만	53.2	27.5	19.3
	100–200만 원	50.6	34.5	14.9
	200–300만 원	55.3	35.4	9.3
	300–400만 원	59.0	31.6	10.4
	400만 원 이상	59.4	30.2	10.4

<표 1> 독서가 삶에 주는 영향

구분		독서물(종이책+전자책)
학력	중졸 이하	46.0
	고졸/고퇴	71.3
	대재 이상	89.1
직업	경영/전문관리직	89.2
	사무직	89.8
	서비스/판매직	76.8
	생산직	59.1
	자영업	67.7
	주부	82.8
	학생	93.2
	무직/기타	64.4
가구 소득	100만 원 미만	30.9
	100–200만 원	60.3
	200–300만 원	69.1
	300–400만 원	93.1
	400만 원 이상	83.3

<표 2> 우리나라 성인의 독서율

1. 통계를 봤을 때 한 개인의 경제 수준과 교육 수준은 비례한다고 할 수 있다. 이런 현상이 발생하는 구체적인 이유를 생각해보자.

2. 가구소득이 100만 원 이하인 가정에서 자라는 학생이 독서를 많이 하기 위해서 필요한 것은 무엇인가?

3. 가난을 되물림하지 않기 위해 국가는 어떤 방법을 모색할 수 있을까? 대안을 제시해보자.

'교육'이라 하면 흔히 학교를 떠올리지만, 학교는 공교육을 목적으로 설립된다. 따라서 학력·직업·소득 등의 차이와 관계없이 대부분의 사람이 학교에 다니기 때문에 계층에 따른 교육의 효과 및 차이를 바로 확인하기는 힘들다. 반면 독서는 개인의 선택에 의한 것이며 전 연령층이 가장 쉽게 취할 수 있는 지속적인 학습 방법이기에 학력·직업·가구소득 등의 계층적 구분에 따른 학습 기회의 차이를 알게 해준다. 위 통계는 이런 계층적 구분 하에서 독서에 대한 태도, 환경, 독서율 등을 비교하고 있다.

1번, 2번 질문은 자신의 생각이 무엇이든 독서 실태를 활용한 논의가 되어야 한다. 3번 질문은 굳이 통계자료에 국한할 필요는 없지만 가난을 되물림하지 않기 위해 국가가 할 수 있는 여러 노력 중 하나로써 어떻게 독서활동을 장려할 것인지 방안을 제시할 필요가 있다. 도서관을 늘린다거나 도서 구입비를 지원하는 방법 등이 있을 수 있다.

논제 7. 기술 발전은 인간의 삶에 어떤 영향을 주는가?

키워드 : 기술 문명, 기술과 사회의 관계, 기술 발전으로 인한 인간 의식의 변화

석기시대에서 청동기·철기시대로 변화하는 데에는 '금속'의 역할이 컸다. 근대 산업사회가 되는 데는 증기 엔진이, 현대 지식정보사회가 되는 데는 교통과 정보통신 기술이 큰 역할을 했다. 인간 사회의 큰 변화 단계에는 각각 새로운 기술 발명이 있어서 새로운 권력과 문화를 형성하는 원인으로 작용하였다.

철은 어떻게 석기 문화를 몰아내고 새로운 사회를 만들었을까? 마찬가지로 현대의 교통 및 통신 기술은 우리의 사고 전반에 어떠한 영향을 주고 어떤 사회를 낳게 될까? 현재 진행 중인 사안인 만큼 계속 출제될 수 있는 논제이다.

〈제시문〉

하이네는 철도를 화약과 인쇄술 이래로 "인류에게 커다란 변화를 가져오고, 삶의 새채의 형대를 바꾸어 놓은 숙명적인 사건"이라고 불렀다. 나아가 다음과 같이 적고 있다.

이제 우리의 직관 방식과 우리의 표상에 어떤 변화가 생길 것임에 틀림없다. 심지어 시간과 공간에 대한 기본적인 개념들도 흔들리게 되었다. 철도를 통해서 공간은 살해당했다. 그리고 우리에게 남아 있는 것이라고는 시간밖에 없다.

(…중략…)

이제 사람들은 세 시간 반 내에 오를레앙까지, 그리고 같은 시간 내에 루앙까지 여행한다. 이 노선들이 벨기에와 독일까지 연결되고 또 그곳의 철도들과 연결된다면, 어떤 일이 초래될 것인가! 내게는 모든 나라에 있는 산과 숲이 파리로 다가오고 있는 듯하다. 나는 이미 독일 보리수의 향내를 맡고 있다. 내 문 앞에는 북해의 파도가 부서지고 있다. 여기서 우리는 동일한 하나의 변화가 지니는 두 가지 모순적인 측면을 발견하게 된다. 철도는 한편으로 이제까지 마음대로 할 수 없었던 새로운 공간을 열어 놓았지만, 다른 한편으로 그 사이의 공간을 없앴다는 점이다.

슈테른 베르거는 다음과 같이 말한다. "유럽의 창을 통해 보이는 전망은 그것이 지닌 심층적인 차원을 완전히 상실했다. 그것은 빙 둘러 서 있으며, 어디나 채색된 평면뿐인 하나의 동일한 파노라마 세계의 일부가 되어버렸다."

(…중략…)

산업화 이전 시대에 시각적 인식에 존재하던 초점심도(焦點深度)는 속도로 인해 가까이 놓여 있는 대상들이 사라져가면서 완전히 상실되어버렸다. 이는 전경(前景)의 종말, 즉 산업화 이전 시기에 여행의 본질적인 경험을 이루던 공간 차원의 종말을 의미한다. 전경을 통해서 여행자는 스스로를 자신이 지나치고 있는 풍광과 연관지었고, 자신을 이 전경의 일부분으로 인식하였다. 이러한 의식은 그를 그 지역의 풍광과 일치시켰고, 여행자는 이 풍경이 펼쳐질 수 있는 경계 내에 존재했다.

속도로 인해 전경이 해체되면서, 여행자는 이러한 공간 차원을 잃게 되었다.

-볼프강 쉬벨부쉬,『철도여행의 역사』중에서 (2000, 성균관대)

1. 빠르게 공간을 이동함으로 인해 발생하는 장점과 단점은 무엇인가?

2. 정보통신의 기술은 이동조차 불필요하게 만들고 있다. 이의 단점은 무엇인가?

3. 100년 전 인간과 현재의 인간이 하루 24시간에 대해 갖는 느낌은 같을까, 다
   를까?

서울에서 KTX를 타면 대전까지 한 시간 정도가 소요된다. 이 시간은 시청에서 김포공항까지 지하철을 타고 갔을 때 소요되는 시간과 맞먹는다. 만약 서울에서 대전까지 KTX를 타고 매일 출퇴근하는 사람이 시청에서 김포공항까지 가는 지하철을 탄다면 지하철이 무척 느리다고 생각할 수 있을 것이다. 그에게는 160킬로미터가 한 시간 정도면 이동할 수 있는 거리로 인지되어 있기 때문이다.

빠른 교통 수단은 단순히 빠른 이동을 가능하게 만드는 것이 아니라 우리의 판단 기준이 되는 시공간 개념을 변화시키고 더불어 이러한 부차적인 사고와 행위 양식, 사회 관계 등에까지 영향을 미친다. 이 점에 주목하여 기술문명의 발전이 어떻게 개인과 사회 변화에 관여하는지를 그 과정에 중점을 두고 생각해보자.

논제 8. 지식 소유권 분쟁은 왜 발생하는가?

키워드 : 지식 소유권, 정보화사회, 문화 소유

지식정보화사회의 재화는 '지식'이다. 그런데 지식은 유형의 매체로만 유통되지 않는다. 어떤 매체로의 전달은 의미가 없고 '내용' 자체가 중요하다. 그래서 어떤 지식을 소유했다는 것은 그것을 사용할 수 있는 권한, 혹은 다른 사람이 사용할 수 있도록 허락하는 것이다. 이 모든 권한은 지식을 생산한 사람에게 배타적으로 부여된다.

그런데 내가 생산한 '지식'은 100% 나에게 귀속될까? 철수가 귀띔한 말에 영감을 받아 열다가 기가 막힌 지식을 만들었다면 철수의 권리도 인정해줘야 하는 것 아닐까? 그러나 철수의 말 자체에는 상품성이 없다면 어떻게 해야 할까?

이외에도 여러 가지 경우에서 지적 소유권에 관한 분쟁을 가정해볼 수 있다. 최근 기업과 기업, 국가와 국가 간에 불거지는 이러한 지식 소유권 논쟁은 당분간 1순위 논제로서 손색이 없다.

〈제시문〉

몇 년 전까지만 해도 휴대폰을 사면 작은 스티커에 'Qualcomm(퀄컴)'이라는 낯선 문자가 새겨져 있었다. 간단히 말해 2G, 3G, 4G가 휴대폰의 데이터 속도를 뜻한다면 데이터를 받고 보내는 방식을 가리켜 GSM(TDMA), CDMA, WCDMA 등이라 한다. 세계최초로 CDMA를 개발하여 상용화한 것은 우리나라의 기업들인데 CDMA방식에 관한 기술소유권은 우리나라가 아닌 미국의 기업 퀄컴이 갖고 있다. CDMA가 막 상용화되던 무렵 운영난에 허덕이던 이 작은 회사는 한국 휴대폰의 인기와 함께 그동안의 부진을 모두 털어내고 단번에 글로벌 기업으로 거듭나게 된다. 삼성을 비롯한 우리나라의 휴대폰 제조회사들이 휴대폰 1개를 팔 때마다 5~6% 이내의 로열티를, 정보통신부 통계에 의하면 한참 3G폰이 대세이던 2002~2004년 3년동안 총 1조 500어에 달하는 기술 사용료를 퀄컴에 지불했기 때문이다. 퀄컴은 실리콘밸리의 한 과학자의 지식을 사들여 오직 그 소유권만으로, 공장이나 많은 인력 없이도 대단한 수익률을 올린 것이다. 더욱이 모든 휴대폰 뒷면에 'Qualcomm(퀄컴)'이라는 로고를 새겨 '지금 이 휴대폰은 우리 기술에 의한 것'임을 주지시키는 것도 잊지 않았다. 즉 기술의 적용과 응용에 관한 통제권을 갖고 있기 때문에 결론적으로 삼성 공장을 이용한 퀄컴폰이라 해도 그리 과언은 아닌 셈이다. 특허 하나로 이 기막힌 효율을 창출해낸 사례 앞에서 어떤 자본인들 설레지 않을 수 있을까? 그리고 이왕이면, 비교적 다른 기술로의 대체가 빠른 정보통신 산업보다 특허의 적용 기간이 길고 수요 역시 더 강력한 산업 분야에서 특허권을 얻어내고 싶지 않을까?

생명공학 분야의 특허가 이런 질문에 대한 답이 될 수 있다. 사실 게놈프로젝트를 비롯하여 유전자 변형 등에 관한 연구는 아주 오래 전부터 지구상에 존재하는 생명체의 원리를 밝히고 이를 상품화시킬 준비를 차근차근 하고 있다. 연구의 범위는 말 그대로 생명체 전반으로 광범위하다. 작은 세균에서부터 인간종에 이르기까지 살아 있는 모든 것은 과학자의 실험대 위에 놓이게 된다. 실험의 궁극 목표는 하나다. 질병이나 식량난 등 인간 삶에서 발생하는 문제들을 생명과학기술을 통해 혁신적으로 해결하는 것이다. 기업은 실험에 드는 비용을 후원하고 실험에서 얻어진 지식의 소유와 사용에 관한 전권을 갖게 된다. 자본과 과학의 협력으로 진행되는 바이오 프로젝트는 주로 2차 산업의 한계를 겪은 국가들에게, 거대 제조시설과 많은 노동력으로 인한 저효율의 전철을 밟고 싶지 않은 기업들에게 매력적인 영역이다. 그리고 이들은 대부분 유럽이나 미국에 적을 둔 기업들로 지구의 북쪽 즉, 북반구에 위치하고 있다.

제레미 리프킨은 그의 저서 『바이오테크 시대』에서 유전자 기술에 관한 남반구와 북반부의 갈등을 통해 지적재산권에 관한 통념에 새로운 시각을 요한다. 흔히 아마존을 가리켜 지구의 허파라 하듯이 남아메리카나 아프리카와 같은 남반구는 지구 생태계를 원시림 그대로 보존하고 있다. 지구에 존재하는 대부분의 생명체 종은 남반구를 빼놓고 그 수를 헤아릴 수 없다. 당연히 북반구의 한 실험실에서 진행 중인 연구는 아마존이나 케냐에서 가져온 식물, 동물일 경우가 많게 된다. 리프킨의 논의는 여기에서 출발한다. 만약 영국의 어느 기업이 아마존에 있는 어떤 종을 매개로 하여 새로운 기술을 개발하고 이에 관한 특허를 주장한다면 이는 당연한 권리인 것 같다. 그러나 남반구는 그러한 기술 개발이 가능한 것은 남반구의 생명체가 있기 때문이라며 북반구의 특허에 대한 자신들의 권리를 주장한다. 함께 나누자는 것이다. 고유한 과학기술 및 지식을 보호하는 게 목적인 지적재산권의 입장에서 봤을 때 남반구의 주장은 다소 터무니없어 보인다. 그러나 한편으로 지적재산권에 대한 강조가 현물 자체의 재산권을 가려서는 안 된다. 즉 엄연히 우리 집에서 자라고 있는 동식물을 대상으로 한 기술의 재산권이 우리에게 없다는 것도 부당하다는 것이다.

그러나 더 중요한 문제는 기술특허권에 대한 분배가 아니라 북반구가 특정 생명체의 유전자 조작 기술 등에 관한 배타적 재산권을 행사했을 때에 수반되는 통제 권한이다. 퀄컴에서 삼성전자, LG전자의 휴대폰 어딘가에 퀄컴 스티커를 명시하도록 요구하였듯이 도입기술과 직접적으로 상관 없는 부분에까지 어떤 식으로든 영향을 미칠 수 있다. 가령 영국의 한 회사가 우리나라 토종 곡물 품종에 대한 유전자 구조를 밝히고 이를 응용 및 변형하는 기술까지 확보하고 이에 관한 특허를 가진다면 뒤늦게 품종을 개량하려는 모든 시도는 영국 회사의 특허권으로부터 제약을 받게 된다. 또 현재 멸종 위기에 처한 품종의 씨앗을 이 회사로부터 가져올 경우 이후 재배할 때는 로열티를 지불해야 한다. 농부들은 농사로 얻은 수익의 일부를 회사에 상납해야 하는 것이다.

-참조자료 : 제레미 리프킨, 『바이오테크 시대』 (2002 연세대 응용)

1. 무형 상품이 많아지면서 발생한 문제는 무엇인가?

2. 지식 소유권 영역의 확대는 사회 전체의 발전을 저해할 수 있는가?

3. 모든 지식과 문화는 기존의 것에서 발전된 것이다. 지적 소유권 분쟁에서 이런 사실을 반영해야 할까?

치킨 가게에서 월드컵 경기를 보여주는 것은 불법이다. 피파(FIFA)가 마음만 먹으면 전국의 모든 치킨 가게로부터 상당한 액수의 벌금을 걷어들일 수 있다. 피파가 월드컵을 주관하기 때문에 방송 중계에 관한 소유권을 갖고 있기 때문이다.

그런데 이런 생각도 해볼 수 있다. 피파는 '축구'라는 인류의 오랜 문화유산을 월드컵으로 상품화한 것이다. 그렇다면 그들은 인류에게 축구 경기를 활용한 것에 비용을 지불해야 하지 않을까? 그러나 '인류'는 너무 포괄적이고 추상적인 대상이다.

지적재산권과 관련한 분쟁은 대부분 이런 식이다. 권한 주체나 상품 자체의 모호함이 문제가 된다. 그래서 자칫 코에 걸면 코걸이, 귀에 걸면 귀걸이 식으로 여러 해석이 있을 수 있고 각 국가의 법원마다 전혀 다른 판결을 내리기도 한다. 제시문에 등장한 북반구와 남반구의 사례도 마찬가지이다. 유전자 조작 기술은 분명히 지적재산권으로 인정받을 수 있는 지식이지만, 유전자공학 연구도 남반구가 동식물들을 키우고 있기 때문에 가능한 것이다. 존재하게 하는 것, 그것보다 더 앞선 지식은 없을 것이다.

북반구의 과학자들이 실험실에서 만들어내는 이론과 인공 발명품만이 지식이고, 남반구의 주민들이 자신들의 생계를 위해 곡식과 가축을 키우는 것은 지식이 아니라고 정의할 수는 없다. 결국 세상에 존재하는 모든 것은 '지식'의 영역에 포함될 수 있다. 기존의 것을 응용하여 만들어낸 발명품이 '기존의 것'에까지 소유권을 주장하는 것은 과연 정당한 것일가?

최근 들어 과학기술을 비롯하여 문화콘텐츠 산업 전반에 걸쳐 지적재산권에 대한 갈등이 확산되고 있는 추세이다. 당연히 최초 개발자, 원작자에 대한 권리는 보호되어야 하지만 그들 역시 보편적 인간문명의 유산에 바탕하였다는 점을 잊어서는 안된다. 즉, '주인 없는 땅에 먼저 깃발 꽂는 사람이 임자' 식으로 과도하게 특허를 주는 것은 지양되어야 할 것이다. 무엇보다 몇몇의 권리를 보호하려다 지식이 공유되지 못해 전체 문명이 후퇴하는 일이 있어서는 안 된다.

따라서 이는 '합의'의 문제이지 옳고 그름의 문제가 아니다. 이 점을 유의하여 생각해보자.

논제 9. 우리는 왜 물질에 집착할까?

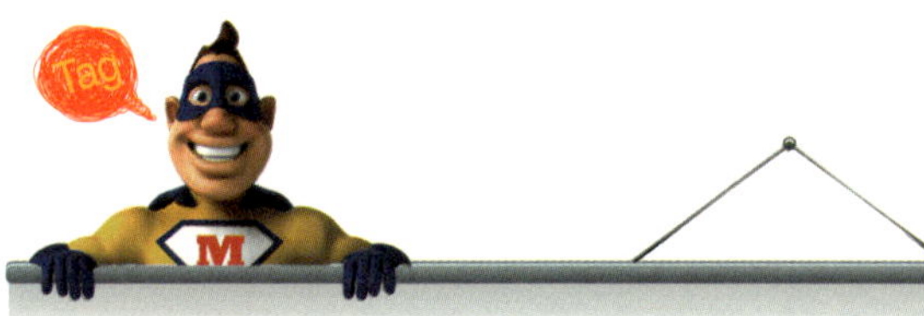

키워드 : 인간 소외, 물질적 인간, 소비생활

자본주의 사회의 구동 원리는 물질이다. 물질은 사회구성원들의 사고와 행동 전반에 기준으로 작용한다. 물질은 삶의 목표가 되고 존경의 대상이 되며, 반면 적정 물질을 소유할 수 없는 일이나 사람은 큰 환영을 받지 못하게 된다. 여기에서 소외, 물질에 대한 과도한 집착, 과시적 소비활동이 생겨난다. 지금까지도 자주 출제되었고 앞으로도 언제든 출제될 수 있는 주제이다.

〈제시문〉

미국의 경제학자 베블런은 현시적 여가(conspicuous leisure)뿐만 아니라 현시적 소비(conspicuous consumption)에 대해서도 부정적인 견해를 피력하였다. 현대 사회에는 현시적 소비자들이 많다.

얼마 전만 해도 옷 상표는 언제나 옷 안에 감춰져 있었다. 그러나 오늘날 디자이너의 이름은 셔츠, 넥타이, 블라우스, 바지 등의 바깥쪽에 보란 듯이 표시되어 있다. 이는 소비자들이 광고를 해주는 것은 물론 자기도 모르는 사이에 광고비까지도 지불해주고 있는 셈이다. '랄프 로렌(Ralph Lauren)' 상표의 옷을 입은 사람은 자신이 부자라는 사실을 은연중 과시하고 있다. 영화 '백 투 더 퓨쳐(Back to the Future)'에서는 1950년대의 한 소녀가 미래에서 온 소년의 이름을 그가 입고 있는 청바지 상표 '캘빈 클라인(Calvin Klein)' 때문에 '캘빈'이라고 생각하는 장면이 나온다.

자동차의 경우도 예외는 아니다. '캐딜락(Cadillac)'은 미국 전역에서 고급차로 알려져 있으나 미국의 고급 주택가 '비벌리 힐즈(Beverly Hills)'의 주민들이라면 누구나 '메르세데스 벤츠(Mercedes-Benz)'를 가지고 있다. 그들에게 캐딜락은 수지요 모욕이다. 자기 집 앞 도로에 캐딜락이 세워져 있을 경우 그 집 주인의 반응을 우리는 충분히 예상할 수 있다.

'저건 내 차가 아냐……. 누구 것인지 모르겠는데…… 천박한 이웃집 차일지도 모르지……. 누군가 간밤에 세워 둔 모양이군. 당장 청소부를 불러 치우라고 해야지.'

(…중략…)

베블런에 따르면 특성 재화(財貨)의 수요는 소비자가 얼마를 지불했을 것이라고 다른 사람이 생각하는 가격(현시적 가격)에 비례해서 결정된다. 만약 '구찌(Gucci)' 핸드백의 가격이 떨어져 흔하게 될 경우 수요는 증가하지 않고 오히려 감소할 것이다 왜냐하면 베블런 식의 현시적 매력을 상실했기 때문이다. 사교 클럽에 무명 상표의 옷을 입고 나타난다면 아무도 상대해주지 않을 것이다.

-토드 부크홀츠, 『죽은 경제학자의 살아 있는 아이디어』 중에서 (1999, 한국외대)

1. 소재와 디자인, 품질이 완전히 동일한 상품 두 개가 있다. 하나는 명품 브랜드 마크가 있고 하나는 없다. 마크가 있는 상품은 가격이 30% 더 비싸다고 한다. 여러분은 무엇을 택할 것이며 그 이유는 무엇인가?

2. 사람들이 브랜드에 집착함으로써 얻는 만족은 무엇인가? 이때 만족을 얻는 것은 바람직한가?

물질적 궁핍을 경험하지 않아도 되는 사람이 몇이나 될까? 대부분의 사람들은 정도의 차이만 있을 뿐 갖고 싶은 것을 모두 얻을 수는 없다. 제시문에 나오는 비벌리힐즈에 사는 주민이라 해도 더 좋은 것을 갖고 싶은 욕망을 언제든 채울 수는 없다. 그럼에도 사람들은 무리해서 값비싼 옷과 자동차 등을 산다. 과시욕 때문이다.

사실 이들 상품은 부의 상징이 될 수 없는 물건들이다. 그저 몸을 보호하고 장소를 이동하기 위해 필요한 도구들이다. 그러나 여기에 브랜드라는, 경제적 순위를 환기시키는 개념이 관여함으로써 명품 브랜드 핸드백을 가진 사람과 그렇지 않은 사람이 각각 다른 사회적 지위를 획득하게 되는 것이다. 비싼 물건을 소유하는 궁극의 목적은 사회적인 욕망을 달성하기 위한 것이다. 소비활동이 어떻게 사회적 욕망과 연결되는지를 생각해보자.

논제 10. 광고는 우리의 사고에 어떤 영향을 주는가?

키워드 : 광고 이미지, 상업 광고의 폐해, 매체 비평

텔레비전을 비롯한 대중매체에 등장하는 대기업의 광고는 광고 횟수나 매체의 수에 얽매이지 않는다. 많은 프로그램과 채널, 또 신문과 옥외광고 등 우리의 시선이 머무는 곳에 매시간 노출된다. 싫든 좋든 무의식적으로 인지하게 되며, 차후 상품을 선택할 때 영향을 받게 된다. 문제는 이런 과정에서 광고가 이용하는 이미지가 자연스레 우리에게 주입된다는 것이다. 어마어마한 매체의 홍수 속에서 살아가는 지금 늘 제기될 수 있는 논제이다.

〈제시문〉

이미지는 욕망과 쾌락을 상상 속에 위치시킨다. '행복'을 가져다주는 것, 다시 말해서 소비자에게 만족을 가져다주는 것은 바로 이 이미지이다.

여기에 거의 나체인 한 남자 운동선수의 사진이 있다.

바다를 가르며 전속력으로 달리는 요트의 난간과 밧줄을 잡고 선 그의 팔과 넓적다리는 곧게 뻗쳐 있고 근육은 팽팽하게 긴장되어 있다. 포말과 밧줄의 팽팽함에서 우리는 이 요트가 최고의 속도를 내고 있다는 것을 알 수 있다. 이 멋진 청년의 눈은 수평선을 응시하고 있다. 잡지의 독자에겐 보이지 않는 그 어떤 것을 그는 알아보고 있는 것일까? 위험, 모험 또는 기적? 또는 아무 것도 없을 수 있다. 사실 그는 아무것도 하고 있지 않다. 밧줄을 잡아당기지도 방향을 틀지도 않는다. 그걸로 그는 그냥 멋지다.

이 이미지의 의미를 규정하는 설명문은 다음과 같다. "진짜 남성의 인생, 그래, 멋진 남성의 인생이 여기에 있다. 매일 아침 애프터 셰이브 로션의 짙은 향기를 맡는 것은 참으로 멋진 일이다."

약간의 주석을 달아보자.

1) 설명문이 없다면 이미지는 아무 의미가 없거나 또는 여러 개의 의미를 갖게 될 것이다. 이미지가 없다면 설명문은 우스꽝스러워질 것이다. 이는 익히 잘 알고 있는 사실이다. 다만, '태양 아래 벌거벗은 남자', '바다', '배' 등과 같은 시니피앙(signifiant, 기호표현)들의 융통성과 '진짜 인생', '충만함', '인간' 등과 같은 시니피에(signifié, 기호내용)들의 공허성을 강조해보자. 이 애프터 셰이브 광고는 판매 행위를 위해서 상품이라는 수단을 통해 그 방향들을 서로 연결시켜 고정시킨다.

2) 이런 식으로 해서 이 광고는 새로울 것이 하나도 없는 옛 신화들, 즉 자연, 남성다움, 자연과 맞선 남성상, 남성의 자연성 등의 신화를 복원한다. 이 커다란 주제들과 함께 우리는 글자 그대로의 신화에서 벗어난다. 광고는 이데올로기의 기능을 한다. 광고는 하나의 물건(애프터 셰이브)에 이데올로기적 주제를 입히고, 그렇게 함으로써 그 물건에 현실과 상상이라는 이중적 존재를 부여한다. 광고는 거기에 이데올로기의 항목들을 다시 연결하여, 복원되어서

재활용되는 시니피에들에 시니피앙들을 연결시킨다.

　3) 광고 회사에서 일하는 사진작가가 어느 날 한 청년이 요트를 타며 정말로 '자발적'으로 멋들어진 포즈를 취하고 있는 현장을 포착했다고 생각해보자. 광고 회사는 이 청년을 통해서 애프터 셰이브의 쾌적함을 표현하기 위해, 이미지와 설명문의 수사학이라는 이중의 테러리즘을 사용한다. "깔끔한 남자가 되십시오. 매일 아침 멋있는 남자가 되어 자신도 만족하고 여자에게도 만족을 주십시오. 이 애프터 셰이브를 사용하든가, 아니면 별 볼일 없는 남자가 되든가 명심하시라."

-앙리 르페브르, 『현대세계의 일상성』 중에서 (2003, 연세대)

1. 광고를 통해서 특정 가치를 세뇌시킬 수 있을까?
2. 광고에 쓰이는 이미지들은 무엇을 기준으로 선택될까?

　15초짜리 텔레비전 광고든 A4 한 장 크기의 지면 광고든, 광고는 일단 전달하고자 하는 메시지와 이를 지원하는 시각적 이미지들로 구성되어 있다.

　물론 이 구성에는 상당한 인문사회학적 배경과 치밀한 전략이 모밀되어 있나. 우선 봤을 때 한눈에 시청자의 눈길을 끌 것, 그러한 집중은 시청자의 욕망에 근거할 것, 또 그 욕망은 트렌드라는 전체 사회적 고려에서 벗어나지 않을 것, 그리고 마지막으로 이러한 배경과 전략을 가장 효과적으로 반영하는 표현이어야 한다는 것이다.

　광고를 만들고 세상에 내놓는 회사는 특정 이데올로기를 광고에 주입하는 것을

053

주저하지 않는다. 그들의 궁극 목표는 상품 판매이기 때문이다. 따라서 어떠한 가치 개념이든 광고 효과를 올릴 수만 있다면 이용하기를 주저하지 않는다. 제시문에 나온 남성 역시 실제 우리 일상에 일반적으로 존재하지 않는 남성상이다. 그러나 우리는 이런 남성만이 진짜 남성인 것처럼 세뇌 받아왔고 우리 머리 속 어딘가에는 이런 남성이 되고 싶다는 욕망이 있으며, 이런 남성을 만나고 싶어 한다. 중요한 것은 수용자 즉, 대중의 비판적 태도이지만 현대의 광고 매체는 우리의 이성으로 걸러내기가 힘들 정도로 너무 많고 노출 빈도가 잦다. 매일 접하는 광고가 우리의 사고에 어떤 영향을 미치는지 생각해보자.

논제 11. 인간관계는 왜 힘든가?

키워드 : 인간관계, 사회적 관습, 결혼, 양성평등

학교, 집, 회사, 때로는 길거리에서 가볍게 마주치는 사람들까지, 인간관계는 우리를 기쁘게도 슬프게도 하는 원인이며 결혼, 취직, 사회생활 등 삶의 요소에 직접적인 영향을 끼친다. 그래서 누구에게나 중요한 관심사이다. 그러나 관계는 개별적이고 특수하여 일반화하여 논의하기가 쉽지 않은 논제이다. 논술에서도 관계 특성을 결정짓는 가치관이나 사회제도 등과 엮어 통합적으로 출제되곤 한다.

〈제시문〉

어디서 왔는지 고양이 한 마리가 야옹야옹 울고 있었다. 어둠이 밀려왔을 때 손에 장갑을 쥔 여자가 다가와서 고양이를 다정하게 쓰다듬어주면서 자루에서 먹이를 꺼내주었다. 그때 사르트르가 이렇게 제안해왔다. '2년 동안 나는 파리에서 살 수 있도록 손을 쓰면 되는 것이고, 우리는 가능한 한 진밀한 생활을 하자. 2, 3년 동안 헤어져 살게 되더라도 어딘가 세계의 한 모퉁이에서, 예를 들면 아테네 같은 곳에서 재회하여 다시 얼마 동안 공동생활에 가까운 생활을 영위하자. 우리는 결코 완전히 남남이 되지는 않을 것이다. 둘 중에 어느 쪽인가가 상대를 찾을 때 반드시 응할 것이며 우리 두 사람의 결합 이상 가는 것은 아무것도 없을 것이다. 그러나 그것이 속박과 습관이 되지 않도록 온힘을 다하여 그런 부패에서 우리를 지키지 않으면 안 된다.'

나는 동의했다. 나는 사르트르가 예정하고 있는 이별을 두려워하지 않은 것은 아니었다. 그러나 그것은 아득한 미래의 일같이 생각되어 미리부터 마음을 쓰지는 않기로 했다. 그래도 가끔 두려움이 내 마음을 스쳐갈 때 나는 그것이 나 자신의 허약함 때문이라고 생각하고 극복하기 위해 애썼다. 사르트르가 약속에 철저하다는 점을 나는 이미 체험하고 있었으며, 그 점은 내 마음의 버팀목이 되었다. 그의 경우, 하나의 계획은 단순한 이야기가 아니고 현실의 어떤 순간을 가리키는 것이었다. 만일 그가 "22개월 후 아테네의 아크로폴리스 위에서 오후 5시에 만나자"고 했다면 나는 정확히 22개월 후 오후 5시에 아크로폴리스 위에서 그를 재회할 것이라는 확신이 있었다. 더 구체적으로 말해서 나는 사르트르가 나보다 먼저 죽지 않는 한 그가 내게 불행을 안겨줄 리 없다는 것을 믿고 있었던 것이다.

이 2년의 계약기간 동안 우리는 서로가 이론적으로 인정하고 있는 자유를 사용할 생각이 전혀 없었다. 우리는 이 새로운 관계에 주저 없이 모든 것을 쏟을 작정이었다. 우리는 또 하나의 약속을 했는데, 그것은 둘 다 거짓말을 하지 않고 서로 숨기는 일이 없도록 한다는 약속이었다.

-시몬 드 보부아르, 『계약결혼』 중에서 (2008, 연세대)

1. 사회적 관습이 인간관계에 어떻게 영향을 미치는가?

2. 결혼생활에서 여성은 육아와 가사를 부담하고 최근에는 '경제적'으로도 남성 못지않은 역할을 수행한다. 그럼에도 최근 몇 년간 국내 통계에 따르면 남성보다는 여성이 결혼을 원한다. 이유가 무엇이라 생각하는가?

3. 무인도에서 태어나 외부인의 접촉이 전혀 없이 살고 있는 사람 두 명이 있다면, 둘의 관계에는 어떤 특성이 있을까?

시르트르와 보부아르는 프랑스 철학자 부부이다. 둘은 실존주의 철학을 연구한 학자로 유명하지만 더불어 관습을 초월한 결혼생활을 한 것으로도 유명하다.

일반적으로 부부란 한 집에 살며 같은 방을 쓰고 같이 밥을 먹는 등 일상의 사소한 일들을 함께 공유한다. 언제부터 그래왔는지, 꼭 그래야 하는지는 알 수 없다. 지금껏 이어져온 관습이기 때문이다.

그런데 이 관습으로 인해 한 사람, 혹은 두 사람 모두가 고통스러울 때에는 어떻게 해야 할까? 더불이 결혼을 두 사람이 맺는 인간관계의 한 유형이라 했을 때, 결혼을 포함한 관계 유형 전반에 영향을 미치는 관습을 계속 따라야 할까? 인간관계를 논함에 있어 엉뚱하게도 관습의 유무가 핵심에 놓이는 이유는 인간관계가 법이나 제도로 규정할 수 없는 영역이기 때문이다. 거기에는 각자의 개성이나 취향이 관여할 수 있다.

같은 이유에서 인간관계에는 관습이 적용된다. 남자는 돈을 벌고, 여자는 집안일을 하고, 부모는 명령하고, 자식은 따르고, 사장은 이끌고, 종업원은 따라가고   .

처음 만난 '너'와 '내'가 각자의 역할을 정할 때, 관습은 당장에 끌어올 수 있는 사례이다. 그리고 이를 뛰어넘기가 힘든 것은 상대에 대한 전적인 믿음과 존중이 있어야 관습을 넘어설 수 있기 때문이다. 서로에 대한 이해와 신뢰가 부족하다면 '이건 아닌데' 싶으면서도 계속 관습에 얽매이게 되고 잦은 갈등을 반복하다가 때로는 심한 상처를 남기기도 한다. 보부아르와 사르트르 부부는 이를 뛰어넘고자 했다. 올바른 인간관계에 대한 섣부른 정의를 내리거나 방법을 제시하기보다는 우리가 관습에 묶일 수밖에 없는 상황을 구체적으로 이해하고 공감하는 것이 무엇보다 중요한 논제이다.

논제 12. 자본주의는 어떻게 형성되는가?

키워드 : 자본주의, 기독교와 자본주의, 근대경제사

우리는 자본주의 사회에 살고 있지만 자본주의에 대해서 잘 모른다. 우리나라 자본주의의 역사가 짧기 때문이다. 경제 규모에 비해 평등이나 복지 개념은 잘 반영되어 있지 않고 자유경쟁의 논리가 우세하다. 그렇다면 초기 자본주의가 형성될 때 유럽이나 미국은 어떤 모습이었을까? 자본주의 형성에 관여한 요소는 무엇이었을까? 지식적인 소양을 요하기 때문에 직접적으로 출제될 가능성은 낮다. 그러나 경제구조를 논하는 논제나 자본주의 사회문제를 다루는 논제에서 비슷한 내용의 제시문을 출제할 수 있다. 또 답안을 쓰는 수험생의 입장에서는 어떠한 논제에 관한 논거로 이용할 수 있는 내용이다.

〈제시문〉

부단하고 지속적이며 체계적인 세속적 직업 노동을 최고의 금욕적 수단이자 동시에 신앙의 진실성에 대한 가장 확실하고 분명한 증거로 보는 종교적 입장이 자본주의 '정신'이라 불리는 생활 태도를 형성시켰다. 소비 억제와 근로 활동은 필연적으로 금욕주의적 절약 행위를 통한 자본 형성을 초래한다.

재산의 소비 억제는 자본의 생산적 투자를 가능하게 하여 궁극적으로 소비를 증가시키게 된다. 이러한 영향이 얼마나 강했던 것인가를 통계적으로 정확히 규명하는 것은 쉽지 않다.

그러나 엄격한 칼빈주의가 7년간 지배했던 네덜란드에서는 종교적으로 독실한 사람들이 거대한 부(富)에도 불구하고 매우 소박한 생활을 해서 막대한 자본을 축적했다. 또한 모든 시대, 모든 곳에 존재했었고 20세기 초 독일에도 뚜렷하게 목격되는 시민적 재산의 '귀족화' 경향이 봉건적 생활 형태에 대한 청교도주의의 반감 때문에 상당한 저지를 당했다는 것도 분명하다. 17세기 영국의 중상주의 저술가들은 네덜란드의 자본력이 영국을 능가하게 된 원인을, 영국과는 달리 네덜란드에서는 새로 벌어들인 재산을 대체로 토지에 투자하지 않았다는 데서 찾았다. 하지만 이것은 단순히 토지를 구입하지 않았기 때문만은 아니다.

또 다른 중요한 원인은 네덜란드에서 귀족적인 봉건적 삶의 양식이 향유되지 않았다는 데 있다. 왜냐하면, 이로 인해 자본주의적 투자가 가능해졌기 때문이다. 17세기 이후의 영국 사회는 '좋았던 옛날의 영국'을 대표하는 '지주계급'과 사회적 영향력을 가진 청교도로 양분되었다. 별 생각 없이 삶을 즐기는 것과 엄격히 통제되고 억제된 자기 규제와 관습적인 윤리적 구속, 이 두 특징은 영국인의 '민족성'에 나란히 나타나 있다. 마찬가지로 북미식민지의 초기 시절에도 연한(年限)계약 노동자의 노동력으로 농장을 건설하고 영주처럼 살려 했던 '모험가'와 특별히 중산층적 삶을 지향하는 청교도가 날카롭게 대립한 바 있다.

-막스 베버, 『프로테스탄트 윤리와 자본주의 정신』 중에서 (2002, 성균관대)

1. 기독교적 문화에서 자본주의가 발전할 수 있었던 가장 큰 이유는 무엇이라고 생각하는가?

2. 중국은 공산당 체제에 의한 자본주의 국가이다. 이런 체제가 가능한 이유는 무엇이라고 생각하는가?

3. 모든 사회에서 통용될 수 있는 올바른 자본주의의 모습이 있을까?

재벌 그룹 몇 개가 GDP(국내총생산)를 좌우하는 우리의 경제구조는 이미 많은 비판을 받고 있는 잘못된 구조이다. 이는 분명히 우리가 극복해야 할 과제이지만 그렇다고 서구 자본주의 사회와 단순 비교하여 열등한 사회라고 단정해서는 곤란하다. 우리나라에는 우리나라 나름의 사정과 과정이 있었다.

엄밀히 말해 자본주의는 공산주의처럼 인위적으로 만들어진 이데올로기가 아닌 까닭에 그 사회의 풍토, 문화와 타협하며 발전해왔다. 베버의 『프로테스탄트 윤리와 자본주의 정신』은 서구의 자본주의 역시 이러한 형성 과정을 거쳤음을 확인하게 해준다. 베버의 주장에 따르면 자본주의의 발전에는 청교도의 가치관이 견인차 역할을 했다. 우리의 경우에도 1960년대의 빈곤과 불안한 정치 상황이 빠른 경제 성장의 견인차 역할을 했다. 이 점을 고려하여 생각해보자

논제 13. 신념을 갖고 산다는 것은 무엇인가?

키워드 : 개인 정체성, 개인과 사회의 갈등, 삶의 방식

2천 년 전 소크라테스는 신념을 지키기 위해 목숨을 내놓았다. 어떤 사람이 신념을 지키며 살아간다 했을 때 사회는 그에게 존경과 칭송을 아끼지 않는다. 그것은 올바른 신념을 중심으로 살아가는 것이 사회에 보탬이 되기 때문이고, 개인으로서 그러한 결단을 내리기가 결코 쉽지 않기 때문이다.

현대 사회에서도 예외가 아니다. 더군다나 현대 자본주의 사회는 생산성을 중요한 가치로 생각하기 때문에 신념을 유지하기가 더욱 힘들다. 개인의 삶, 개인과 사회의 관계 등에서 신념은 주요한 논의 대상이다. 시대와 상관없이 고려할 수 있는 원론적인 주제로써 이제 막 나름의 자아관을 형성해가는 청소년들에게 중요한 질문이 될 수 있다. 또 교대나 사범대처럼 인성 관련 측정을 요하는 학과의 논술·면접에 우선 고려될 수 있는 주제이다.

<제시문>--●

오, 아테네 시민 여러분, 이 도시를 비방하는 자들로부터 여러분이 현인 소

크라테스를 죽였다는 악명의 대가를 받게 될 날도 멀지 않았습니다. 이 도시를 비방하는 자들은 여러분을 비난하고자 할 때, 사실은 내가 현명하지 않았음에도 불구하고 나를 현명하다고 부를 것이기 때문입니다. 나는 여러분의 방식에 따라 말함으로써 생명을 보존하는 것보다는 오히려 나의 방식대로 말하고 죽는 것이 훨씬 훌륭하다고 생각합니다. 나는 또는 어떤 사람이든 전쟁에 있어서 또는 법률에 있어서 모든 책략을 동원하여 죽음을 회피하려고 해서는 안 되기 때문입니다. 흔히 있는 일입니다만 분명히 싸움터에서 무기를 버리고 추격자 앞에 무릎을 꿇는다면 죽음을 피할 수도 있습니다. 그리고 다른 위험에 직면했을 때에도 무슨 말이든 또 무슨 짓이든 다 하기만 한다면, 다른 방법으로 죽음을 피할 수 있습니다. 나의 친구여, 죽음의 회피가 어려운 것이 아니라, 불의를 피하는 것이 어렵습니다. 부정은 죽음보다도 빨리 달리기 때문입니다. 나는 늙고 행동이 둔하기 때문에 느리게 뛰는 자에게 붙잡혔지만 예리하고 기민한 나의 고발자들은 빨리 달리는 자, 곧 불의에 붙잡혔습니다. 그리고 나는 지금 여러분으로부터 유죄 판결을 받고 사형을 받기 위해 떠나갑니다. 그리고 나는 나에게 내린 판결을 감수해야 합니다. 나는 이것은 숙명적인 일이라고 생각합니다.

-플라톤, 『소크라테스의 변명』 중에서 (2011, 숭실대)

1. 내가 신념이라 생각하는 것을 타인들은 단순한 고집이라 부른다면, 신념과 고집을 가르는 기준은 무엇인가?

2. 사회적으로 용납되지 않는 신념을 관철시켜 역사 발전을 이룬 개인들도 있었다. 이러한 신념은 어떤 의의를 갖는가?

3. 현대 사회에서 신념 있는 사람의 모델로 소크라테스는 부적절할 수도 있다. 이유는 무엇인가?

현대 사회는 한 가지 기준을 맹목적으로 따르기 보다는 여러 가지 다양한 관점을 존중하는 사회이다. 그래서 신념을 유지하기가 쉽지 않다. 소크라테스가 살던 시대처럼 신체나 생명의 위협이 있을 수 있다는 것에 더불어, 나 자신은 신념이라 믿고 있는 것이 타인들의 눈에는 편협한 사고나 고집 정도로 비춰질 수 있기 때문이다. 우리가 사는 이 시대는 이것이냐 저것이냐, 단 두 개의 선택지만 있는 게 아니라 어떤 관점을 대입하느냐에 따라 수많은 선택지들이 있다. 이제 신념은 과거처럼 하나의 가치, 경향을 정하고 나머지는 모르쇠로 일관할 수 없는 개념이다. 따라서 신념의 대상을 '자기 자신'에서 '자신과 주변'으로까지 확대할 필요가 있다. '관계'에 주의를 기울여야 한다는 것이다.

관계 속에서 신념은 '경청'이라는, 자아가 한발 물러나는 행위를 이끌어내며 이는 완전히 새로운 판단의 가능성을 열어놓는 태도이다. 결과적으로는 내 신념에 의한 판단이지만 다른 사람이 판단 과정에 적극적으로 개입할 수 있는 것이다. 흔히 '신념'에 관한 논의에서 자주 언급되는 "신념을 위해 목숨을 바칠 수 있느냐, 없느냐?"라는 물음은 별 의미가 없다. 그보다는 나와 너의 '관계' 속에서 나만의 신념이 아닌 우리의 신념에 관해 무엇을 기준으로 선택하고 어떻게 이를 유지할 수 있는지를 생각해보자.

논제 14. 현대인은 왜 외모에 집착하는가?

키워드 : 외모지상주의, 인간 상품화, 물질 숭배

압구정동에서 가장 많이 볼 수 있는 간판, 그리고 의과대학 학부생들이 희망하는 전공의 1순위가 피부과·성형외과라고 한다. 이유는 간단하다. 수요가 많아 돈을 많이 벌 수 있기 때문이다. 사람이 자기 외모에 관심을 갖는 것은 당연하고 자연스러운 일일 수 있다. 그러나 지나친 외모지상주의는 사회적 병리 현상으로까지 치닫고 있다. 이러한 현상을 단지 '외모에 대한 관심이 커져서'라고만 설명하기에는 부족하다. 사회에 대한 통찰력, 구체적인 현상에 대한 분석 능력을 측정하는 논제이다.

〈제시문〉

소비의 시대인 오늘날에는 상품의 논리가 일반화되어 노동 과정이나 물질적 생산품뿐만 아니라 문화, 섹슈얼리티, 인간관계, 심지어 환상과 개인적 욕망까지도 지배하고 있다. 모든 것이 이 논리에 종속되어 있는데, 그것은 단순히 모든 기능과 욕구가 이윤에 의해 대상화되고 조작된다고 하는 의미에서뿐만 아니라 모든 것이 진열되어 구경거리가 된다는, 즉 이미지, 기호, 소비 가능한 모델로 환기되고 유발되고 편성된다는 보다 깊은 의미에서이다.

소비 과정은 기호를 흡수하고 기호에 의해 흡수되는 과정이다. 기호의 발신과 수신만이 있을 뿐이며 개인으로서의 존재는 기호의 조작과 계산 속에서 소멸한다. 소비 시대의 인간은 자기 노동의 생산물뿐만 아니라 자기 욕구조차도 직시하는 일이 없으며 자신의 모습과 마주 대하는 일도 없다. 그는 자신이 늘어놓은 기호들 속에 내재할 뿐이다. 초월성도 궁극성도 목적성도 더 이상 존재하지 않게 된 이 사회의 특징은 '반성'의 부재, 자신에 대한 시각의 부재이다. 현대의 질서에서는 인간이 자신의 모습과 마주하는 장소였던 거울은 사라지고, 대신 쇼윈도만이 존재한다. 거기에서 개인은 자신을 비춰보는 것이 아니라 대량의 기호화된 사물을 응시할 따름이며, 사회적 지위 등을 의미하는 기호의 질서 속으로 흡수되어 버린다. 소비의 주체는 기호의 질서이다.

소비의 가장 아름다운 대상은 육체이다. 오늘날 육체는 광고, 패션, 대중문화 등 모든 곳에 범람하고 있다. 육체를 둘러싼 위생, 영양, 의료와 관련한 숭배의식, 젊음, 우아함, 남자다움 혹은 여자다움에 대한 강박관념, 미용, 건강, 날씬함을 위한 식이요법, 이것들 모두는 육체가 구원의 대상이 되었다는 사실을 증명한다. 육체는 영혼이 담당했던 도덕적, 이데올로기적 기능을 문자 그대로 넘겨받았다. 오늘날 육체는 주체의 자율적인 목적에 따라서가 아니라, 소비사회의 규범인 향락과 쾌락주의적 이윤창출의 원리에 따라서 다시금 만들어진다. 이제 육체는 관리의 대상이 된다. 육체는 투자를 위한 자산처럼 다루어지고, 사회적 지위를 표시하는 여러 기호 중의 하나로서 조작된다.

-쟝 보드리야르, 『소비의 사회』 중에서 (2004, 이화여대)

1. 자본주의와 외모지상주의는 어떤 관련이 있을까?

2. 많은 사람들이 외모를 또 하나의 경쟁력이라고 생각한다. 정말 그러한가?

제시문은 소비가 인간의 욕망을 좌우한다고 이야기하고 있다. 내가 무엇을 욕망하는지에서부터 무엇을 선택하여 충족시킬 것인지에 이르기까지, 내 욕망의 시작과 끝은 스스로의 성찰·판단이 아닌 상품의 진열과 구매에 의한다는 것이다. 상품이 환기시키는 여러 이미지는 우리가 누려야 할 욕망의 카테고리가 된다. 그래서 행복한 삶이란 다양한 욕망을 누릴 수 있는 것, 다양한 카테고리에 속해 있는 상품들을 구매할 수 있는 능력이며, 그런 삶을 누리기 위해서는 내가 다른 이에게 값나가 보이는 상품이 되어야 한다. 외모에 대한 집착은 여기에서 발생한다. 소비를 통해 욕망이 충족되는 메커니즘은 나 역시 누군가의 욕망을 일깨우는 상품이 되는 것이며 육체는 이러한 상품화에 가장 적절한 대상이다.

실제 나의 성격, 타인에 대한 예의, 업무 능력 등은 당장에 눈으로 확인할 수 없다. 성격이 괴팍하고 천박한 사람이라도 외모가 우아하고 온화해 보인다면 사람들은 외모가 주는 이미지에 따라 사람을 판단하기 쉽다. 즉 '일 잘하는 상품' 못지않게 '디자인이 예뻐서 호감 가는 상품'에 대한 욕망도 큰 것이다. 기능적으로 다를 바 없지만 왼쪽 가슴팍에 로고가 분명하게 박음질되어 있는 브랜드 상품을 사는 소비 심리도 이와 같다. 외모 집착 현상을 불러오게 된 원인을 자본주의 사회에 대한 이해, 그중에서도 소비와 욕망의 관점에서 살펴보자.

논제 15. 경제적 가치가 최고 가치인가?

키워드 : 경제활동, 물질 숭배, 다양한 가치의 필요성

잘 먹고 잘 사는 것은 모든 사람들의 관심사이다. 우리가 공부하는 것도 궁극적으로는 이를 위해서다. 그런데 잘 먹고 잘 산다는 것은 정확히 무엇을 뜻할까? 말 그대로 돈이 많아서, 좋은 것을 많이 먹고 입을 수 있는 것을 뜻할까? 만약 그렇다면 인간의 행복이란 물질을 많이 소유한 상태에 다름 아니다. 행복에 물질적 풍요가 필요하다는 말은 틀리지 않다. 그러나 절대적이지는 않다. 인간에게 행복을 안겨다주는 것들의 상당 부분은 물질적 소유만이 아니기 때문이다. 물질은 행복을 위한 유력한 도구 중 하나이지만 비물질적인 도구 역시 필요로 한다. 갈수록 경제적 가치의 비중이 커져가는 현대 사회에서 이 논제는 꼭 한번은 짚고 가야 할 주제이다.

〈제시문〉

오늘날 사람들이 입에 올리는 비난의 말들 가운데 '비경제적'이라는 말만큼 결정적인 것은 없다. 어느 행위에 비경제적이라는 낙인이 찍히면, 그 존재의 권리가 의심을 받는 정도가 아니라 강하게 부정되어 버린다. (…중략…) 경제학적 관점에서 볼 때, 비경제적이라는 말은 돈의 형태로 충분한 이익을 올리지 못한다는 의미이다. 한 사회 또는 그 속의 개인이나 집단은 사회적, 예술적, 도덕적, 정치적 동기에 의해서도 활동을 한다. 그러나 경제학은 그것을 실행하는 사람에게 이익이 있을 것이냐는 측면만 문제 삼기 때문에 사회 속의 어느 집단의 행동이 사회 전체에 이익을 가져오느냐의 여부에는 그다지 관심을 갖지 않는다. 국영 기업조차도 사회 전체를 생각하는 입장에서 운영되고 있지는 않다. 국영 기업은 재무(財務) 목표를 의무적으로 부여받는데, 이 목표를 달성하기 위한 자신들의 경제 행위가 다른 경제 부문에 어떤 타격을 줄 것인가 하는 점에 대해서는 도외시하는 것이 보통이다.

-에른스트 슈마허, 『작은 것이 아름답다』 중에서 (2004, 동국대)

1. 경제적 가치로 볼 수 없는 대상에도 경제적 가치를 적용하곤 한다. 구체적인 예를 들어보자.

2. 지나치게 경제적 가치를 목표로 설정함으로써 생기는 폐해는 무엇인가?

우리는 행복하기 위해서, 혹은 그 행위 자체가 행복하기 때문에 공부하고, 일하고, 사람을 만난다. 그런데 현대 자본주의 사회는 이러한 활동들을 모두 경제적 가치로 환산해 오히려 행복의 달성을 어렵고 복잡하게 만들어버린다. 가령 여러 사람과 만나 교제하고 싶은 욕구는 사회적 동기 안에서 발생한다. 그 결과물 역시 사회적 가치 내에서 존재한다.

　그러나 현대 사회의 시각은 다르다. 많은 인맥은 당장에 활용 가능한 마케팅 수단이자 돈으로 거래될 수 있는 데이터베이스가 된다. 제시문의 언급처럼 수치화된 재무 목표로 둔갑할 수도 있다. 그래서 새로운 친구를 사귀고자 시작했던 SNS는 교감보다는 온라인 친구를 늘리는 것, 즉 SNS 안에서 나의 영향력을 높이는 것으로 목표가 바뀌어버린다. 나를 친구로 추가한 온라인 친구가 100만 명이 되었고, 이로 인한 경제적 가치가 대단하더라도 이는 교감과는 상관없는 영역이다. 더불어 대부분의 평범한 사람은 흡족할 만한 경제적 자산을 쌓기가 힘들다. 때문에 경제적 자산을 다른 것으로 대체함으로써 대리만족 효과를 끌어낸다. 대부분의 사람들은 평생에 걸쳐도 흡족할 만한 부를 쌓기가 힘들기 때문에 SNS의 친구 수를 포함하여 외모, 출신 학교, 심지어 취미나 교양까지도 경제적 가치로 편입해 대리만족 효과를 얻는 것이다. 물질이 아닌 것에까지 물질적 가치를 반영함으로써 물질 만능의 신화는 더욱 굳어진다. 단순히 물질을 비판하는 것이 아니라 어떻게 물질에 집착하게 되었는지 그 과정을 분석하는 차원에서 생각해보자.

논제 16. 불안은 왜 발생하며 어떤 문제를 일으키는가?

키워드 : 불안의 원인, 무의식, 본능의 억압

우리는 종종 인간이 이성적인 존재임과 동시에 '감정적'인 존재라는 사실을 잊는다. 그런데 감정은 개나 고양이 같은 짐승들도 갖고 있는 본능적인 특성으로 사회는 이를 유통시키는 것보다 통제하는 것에 주력한다. 법이나 제도, 규칙, 교육 등이 모두 감정을 통제하려는 장치들이다. 배고플 때 음식으로 배를 채우지 않으면 불안하듯이 욕망 역시 채워지지 않으면 불안해진다. 사람들은 이를 드러내지 않고 살지만 어느 순간 돌발적인 행위를 저지를 때가 있다. 최근 우리 사회에서 불거지는 집단 따돌림, 성폭행 등 물질적 이해관계와 상관없는 범죄들이 이에 해당한다고 볼 수 있다. 시사적이면서도 인간 심리에 대한 이해를 필요로 하는 논제이다.

〈제시문〉

우리는 어린아이들에게 나타나는 불안의 현상 가운데 몇 가지만을 알고 있으므로 우리의 관심을 그런 현상들에 국한시켜야 한다. 예를 들자면 그런 현상들은 아이가 혼자 있거나 어두운 곳에 있거나 또는 어머니처럼 아이가 잘 알고 있는 사람 대신 알지 못하는 사람과 함께 있을 때 나타난다. 이 세 가지 예들은 단 한 가지의 조건, 즉 아이가 좋아하고 갈망하는 누군가가 없다는 느낌에 사로잡히는 경우로 축약할 수 있다. (…중략…) 좀 더 깊이 생각해 보면, 대상 상실의 문제 외에도 더 고찰할 것이 있다. 어린아이가 어머니의 존재를 확인하고 싶어 하는 이유는 단지 어머니가 자기의 모든 욕구를 지체 없이 만족시켜 준다는 사실을 경험으로 알고 있기 때문이다. 그러므로 아이가 위험으로 느끼고 보호받고 싶어 하는 상황은 욕구로 인해 긴장이 증가하고 있지만 스스로는 아무 해결도 할 수 없는 만족스럽지 못한 상황이다.

(…중략…)

자극이 심리적으로 해소되지 못한 채 불쾌감을 유발하는 만족스럽지 못한 상황이 아이들에게는 필경 태어날 때의 경험과 유사할 것이고, 따라서 위험 상황의 되풀이로 받아들여질 것이다. (…중략…) 해소되어야 할 자극이 축적되는 것, 이것이 위험의 진정한 본질이다. 이로부터 불안의 반응이 나타난다. 불안은, 출생 시 이 반응이 체내의 자극을 해소하기 위해 폐를 활성화시켰던 것과 마찬가지로, 어린아이 또한 축적된 자극을 호흡기관과 발성기관으로 돌려 엄마를 부르게 되는 과정을 유도한다.

-지그문트 프로이트, 『억압 증후 그리고 불안』 중에서 (2006, 연세대)

1. 통제 사회는 왜 개인의 불안을 가중시키는가?

2. 심리적 관점에서 집단 따돌림 가해자는 어떤 욕구가 불충족된 것일까?

3. 무의식 속에 숨어 있는 욕구를 간접적으로 해소할 수 있는 방법이 무엇일까?

정신분석학자 프로이트에 의하면 인간의 의식 구조는 '의식 영역'과 '무의식 영역'으로 나눌 수 있다. 의식 영역이 사회적으로 통용되는 자아, 이성에 지배를 받는 의식이라면 무의식 영역은 여러 이유들로 충족되지 못한 욕망들이 숨어 있는 영역이다. 창피해서, 능력이 없어서 접어놓은 욕망이 감금되어 있는 창고 같은 곳이다.

의식의 감시가 느슨해졌을 때 무의식은 빗장을 풀고 밖으로 나와 돌발적이고 병적인 행동으로 구체화되기도 한다. 성인이 된 사람들은 타인을 함부로 만지거나 안을 수 없다 어렸을 때는 팔만 벌리면 주변 사람늘이 호응을 해주었지만 이제는 성추행이 되기 십상이다. 다른 사람과 교감하고 싶은 욕망은 어린 아이이든 성인이든 모두 갖고 있는 것이지만 성인은 사회제도나 관습 등에 얽매어 있어 함부로 표현할 수 없고 쉽게 충족될 수도 없다. 이러한 불충족은 모두 무의식의 창고에서 차곡차곡 쌓여 시시탐탐 의식의 감시가 느슨해지기만을 기다린다.

이런 불안은 합리적 이성을 강조하고 기술 발달로 통제 장치가 더욱 고도화되어 가는 현대 사회에서 언제고 개인 자신과 사회를 위협하는 시한폭탄이 될 수 있다. 억압으로 인헤 불인이 커질 때 어떻게 비정상적인 행위를 일으키게 되는지 그 과정에 주목하여 생각해보자.

논제 17. 세계화는 좋은 것인가?

키워드 : 세계화, 다국적 기업, 종자 은행

'세계화'에 대한 찬반이 팽팽하다. 찬성하는 사람들은 세계화가 한국과 같은 수출의존형 국가에게 제2의 경제 도약을 위한 절호의 기회라 하고 경제 외에도 다양한 가치와 문화 교류를 가져올 수 있다고 한다. 반대하는 사람들은 세계화가 획일화이자 전통을 무너뜨리는 일이라고 한다.

우리나라는 세계화를 주도하는 입장에 있는 나라이다. 그래서 거시적으로는 분명 이득을 얻고 있지만 손해가 나는 영역, 보이지 않게 고통을 받는 사람도 적지 않다. 그동안 대입 논술로 자주 출제되었고 앞으로도 출제 가능성이 높은 주제이다.

〈제시문〉

지구촌의 풍요로운 음식 문화를 뒷받침해 온 재래 종자들이 최근 들어 급속히 사라지고 있다. 이제 세계 작물 종자의 30퍼센트는 다국적기업 10여 개 사가 독점하고 있으며, 그에 따라 재래종을 취급하는 지역의 종자 회사들은 하나 둘 자취를 감추고 있다. 다국적 기업은 수확량 면에서 유통에 적합한 1대 교배종을 개발하고, 다시 유전자 조작으로 새로운 종자를 만들어 농약과 함께 그것을 판매함으로써 시장 독점을 꾀해왔다. 이러한 방식의 세계화와 균질화의 그늘에서, 지역의 전통적인 음식 문화와 그것을 지탱해온 종자, 그리고 전승 문화들은 점차 사라져 가고 있다. 종자의 균질화와 함께 생물의 다양화에 의해 유지되고 있던 '생명 공동체'인 지역이 교란되고 쇠약해지고 붕괴되어 가고 있는 것이다.

이러한 위기 가운데 호주의 바이론 베이에 거점을 둔 '종자 보존 네트워크'는 전 세계에 공동체의 종자 부활과 종자 은행 설치를 호소하고 있다. 또한 지역들끼리 서로 연합하여 세계화에 내항하는 네트워크를 만들어가고 있다. 이곳 내쬬인 팬튼 부부는 자신의 집 주변에 견본 정원이랄 수 있는 야채 농원을 두고, 이곳을 방문하는 사람들에게 정성 어린 슬로 푸드를 대접하고 있다. 그들에게 종자 보존 운동이란 각각의 종자가 갖고 있는 고유한 시간을 존중하는 일이다. 종자에는 긴 시간 속에서 배양되어온 각 지역의 기후, 토양, 미생물 등과의 관계가 담겨 있다. 그리고 그 씨앗을 뿌리고 기르고 다시 씨를 거두고 계속해서 보존해 온 수세대에 걸친 농민들의 지혜와 삶이 담겨 있다. 그래서 종자를 보존하는 일은 생태계의 시간과 문화의 시간을 지켜내는 일이기도 하다.

쓰지 신이치,『슬로 라이프』중에서 (2006, 서강대)

1. 세계화의 궁극적인 목표는 무엇인가?

2. 세계화는 정말로 다양성을 가져오는가?

제시문은 지역 종자가 사라지고 대신에 다국적 기업이 개발한 교배종이 전 세계에서 재배되고 있음을 지적하고 있다. 교배종을 개발한 이유는 경제적 이윤과 효율성 때문이다. 한국에서든 미국에서든 기후나 환경을 초월하여 잘 자라는 종자가 있다면 여러 곳에서 잘 팔리는 단일상품이 되기 때문이다. 세계화 경제가 추구하는 '시장 확대'의 전형이랄 수 있다. 그런데 여기서 '확대'는 새로운 영역, 시장을 만드는 것이 아니라 기존의 시장을 흡수하는 것이다. 한마디로 세계화에 의한 시장 확대는 누군가에게는 '시장 박탈'이 될 수 있다.

우리 나라에서 나는 흔한 것을 팔아 다른 나라의 귀한 물건을 사오는 것은 무역의 전통 개념이다. 그러나 세계화는 이 개념에서 한발 더 나아가 우리 나라와 다른 나라가 같은 물건을 쓰게 한다. 세계화는 한국 사람도 미국 사람도 삼성 휴대폰을 쓰고 코카콜라를 마시며 리바이스 청바지를 입게 만든다.

세계화가 문화의 다양성을 가져온다는 것은 착각에 가깝다. 경제성과 효율성을 갖지 못한 것은 일반적으로 통용되지 못하고 별난 사람들의 별난 취미 정도로 특수해져버린다. 병충해에 약하고 수확량이 떨어지는 토종 씨앗을 굳이 고집하는 사람은 경제활동을 하는 사람보다는 사회운동을 하는 사람쯤으로 비춰질 것이다. 세계화는 이미 보편적인 현상인 만큼 회의적인 입장에서 그간의 부작용들을 생각해 보자.

논제 18. 어떤 정보를 신뢰할 수 있는가?

키워드 : 정보화 사회, 정보 유통, 일반화

날마다 쏟아지는 정보들 속에서 질 좋은 정보를 선별하기란 쉽지 않다. 특히 신문사나 방송국, 전문가 등이 제공하는 정보일 때는 "팥으로 메주를 쑨다"는 말도 무의식중에 믿을 수 있다. 평이한 내용임에도 사람들의 흥미를 끌기 위해 과장되는 경우, 한 개인의 사소한 이야기가 전 국민을 감정적으로 만드는 경우도 있다.

이 모든 경우에 있어서 균형감을 잃지 않고 올바르게 정보를 획득하려면 수용자의 비판력이 무엇보다 중요하다. 정보의 생산과 유통에 관련한 질문은 정보화 사회에 살아가는 우리 모두에게 해당하는 질문이다.

〈제시문〉

1952년의 『콜리어즈(Collier's)』지(紙)에 인용된 '당신 자녀의 키가 얼마까지 자랄지 곧 알 수 있습니다'란 제목의 기사를 살펴보자. 이 기사에는 두 장의 도표가 유난히 눈에 띄게 함께 게재되어 있는데 각각 남아용과 여아용이었다. 그 도표에는 연령별로 각 연령의 어린이 키가 얼마까지 커졌는지에 대한 퍼센트 비율이 나타나 있었다. 그림 설명에는 다음과 같은 글이 친절하게 적혀 있었다.

'당신 자녀의 키가 얼마까지 자랄지 알고 싶으면 도표에서 현재의 키에 해당하는 곳을 찾아보시오.'

이 기사가 웃기는 것은, 읽어 보면 알 수 있듯이 이 기사 자체가 그 도표의 치명적인 결함이 무엇인가를 스스로 말해준다는 것이다. 모든 어린아이들의 키가 똑같은 방식으로 성장하지는 않는다. 어떤 아이들은 처음에는 천천히 자라다가 나중에 갑자기 커질 수도 있고 다른 아이들은 얼마 동안 급작스럽게 크다가 나중에 가서야 천천히 자랄 수도 있으며 또 점진적으로 일정하게 성장하는 아이도 있으니까. 쉽게 추측할 수 있듯이 이 도표는 대규모로 실시한 측정 자료들을 토대로 얻은 평균값을 이용한 그림이다. 따라서 이 도표를 사용하면 임의로 추출한 아동 100명의 장래 평균키를 충분히 정확하게 추정하는 것은 어렵지 않다. 그러나 부모들은 자신들의 자녀, 즉 한 어린이만의 신장에만 관심을 갖고 있기 때문에 그러한 목적을 위해서는 이와 같은 도표는 전혀 쓸모가 없다. 장차 그 아이의 키가 얼마까지 자랄 수 있는지 알고 싶다면 아이의 부모와 조부모들의 키를 알아보는 것이 훨씬 더 정확한 추측을 하는 데 도움이 될 것이다. 물론 이 방법도 도표를 사용하는 것처럼 과학적이거나 정밀하다고 할 수는 없지만, 적어도 정확하기는 할 것이다.

나 개인의 경험을 말한다면, 14세 때 고등학교에서 군사훈련을 받았는데 그때 키가 제일 작은 분대 안에서도 뒷줄, 키가 작은 학생들이 서 있는 곳에 있어야만 했다. 그때 당시의 신장을 이 도표에 적용하면 내 키는 어른이 되어서도 겨우 171cm라야 하는데도 실제로 현재 나의 키는 179cm나 된다. 사람의 신장을 추측하는 데 있어 8cm의 오차는 결코 작은 것이 아니다.

- 대럴 허프, 『새빨간 거짓말, 통계』 중에서 (2006, 서강대)

1. 왜 사람들은 통계 자료를 선호하는가?
2. 유명 언론, 저명한 지식인의 자료라 해도 무조건 신뢰할 수 없는 이유는 무엇인가?

언론사와 전문가들이 의기투합하여 '팥으로 메주를 쑬 수 있다'고 주장하면 정말로 1년 뒤에는 정설로 굳어질지 모른다. 우리가 진리, 사실이라고 부르는 것들에는 항상 예외가 존재하기 때문이다. 예외가 정설을 대신하기 위해 필요한 것이 신뢰성과 각종 사실적인 자료들이다.

제시문 속 통계는 엉터리 통계이다. 성장은 개인마다 편차가 커서 보편화하기 힘든 대상인데도 이를 굳이 평균화함으로써 사실을 전달하는 역할을 못하고 오히려 사실을 왜곡시켰다.

어느 지역의 고등학교가 제일 공부를 잘하는지, 어떤 대학이 취업률이 높은지, 우리나라 기업의 연봉 서열은 어떤지 등이 자료들은 무언가를 결정하기 앞서 판단의 기준이 되어준다. 이들은 매우 중요한 자료이지만 보통 사람의 입장에서 이들 자료의 신뢰성을 판별하기가 쉽지 않다. 쓸모없는 자료, 오히려 없는 것이 나은 자료를 이용했다가는 판단을 그르칠 수 있다.

개인의 일을 넘어 이런 자료들이 법이나 국가 정책의 기조를 결정하고 기업활동이나 사람을 평가하는 데에 참고될 경우, 무서운 결과가 발생할 수도 있다. 자료를 참고할 때 중요한 것은 자료의 신뢰성을 따지기에 앞서 어떤 정보를 절대화하지 않는 것, 수치가 가져오는 명확성에 집착하지 않는 태도일 것이다. 정보를 받아들이는 올바른 태도와 방법에 관하여 생각해보자.

논제 19. 복지정책은 왜 어려운가?

키워드 : 사회복지, 복지정책, 고령화 사회

복지는 사회구성원들을 위해 국가가 보장하는 최소한의 장치라고 할 수 있다.

따라서 사회구성원들에게 어떤 특이할 만한 변화가 생길 경우 복지정책 역시 바뀌게 마련이다. 그런데 사회는 서서히 느리게 변하고 기존의 것과 새로운 것은 항상 맞물려 있기에 변화를 한마디로 꼬집어 정의하기란 쉽지 않다. 기존의 것을 수정하기도 어렵다. 기존의 정책으로 이익을 받던 집단이나 세대로부터 거센 항의를 받을 수 있기 때문이다. 후기자본주의 사회가 지향하는 복지국가는 이렇듯 안쪽에서는 괴로움을 겪고 있다. 현재 우리나라는 이 진통의 한가운데에 있다. 평소 사회 이슈에 대한 관심이 요구되는 논제이다.

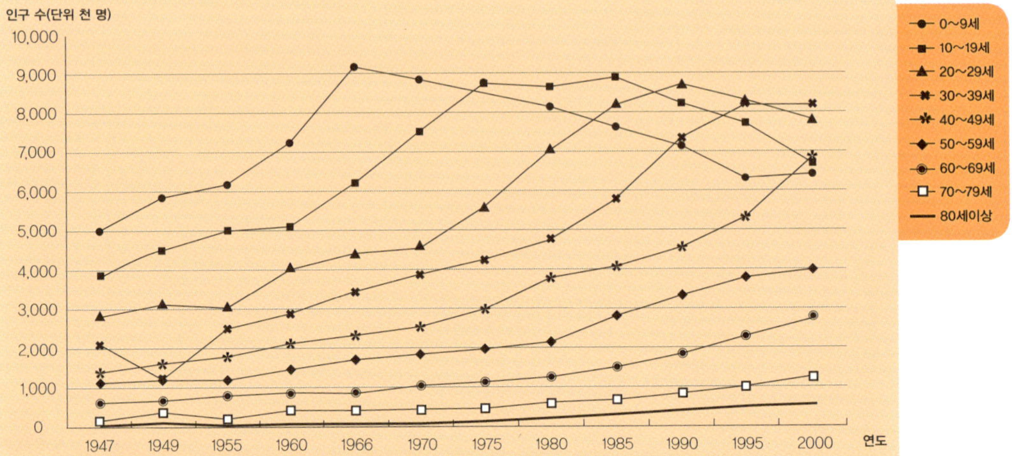

〈자료 1〉 연령별 인구 추이

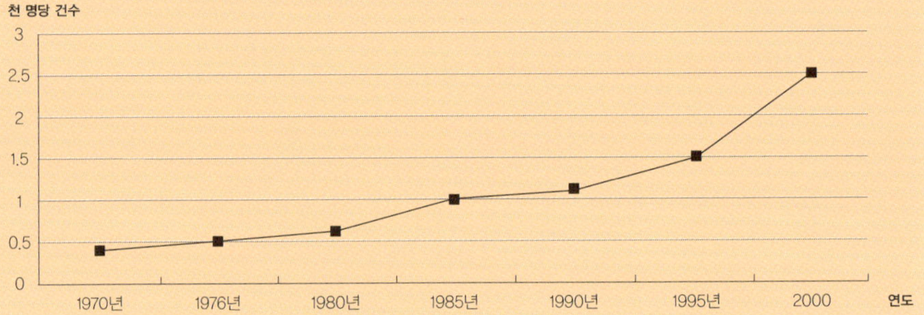

〈자료 2〉 이혼율 추이(인구 천명 당 이혼 건수)

(2006, 서울대)

1. 사회 변화를 복지정책에 신속하게 반영하기 어려운 이유는 무엇인가?

2. 고령화, 이혼율 증가는 어떻게 복지정책을 어렵게 하는가?

제시문은 고령화와 이혼 증가라는 최근 우리 사회의 두드러진 변화 양상을 보여주는 자료이다. 자료를 어떻게 복지정책과 연결시킬지를 짚는 것이 다소 어려울 수 있다. 해결의 열쇠는 복지정책의 궁극적 목적이 구성원 '모두'의 행복한 삶이라는 점을 환기하는 것이다.

'모두'란 평등을 의미한다. 때문에 복지정책은 경제활동을 하는 사람들이 낸 세금으로 운영되지만 그 수혜는 반드시 세금을 낸 사람에게만 돌아가는 것은 아니며, 때로는 비경제활동인구가 더 많은 혜택을 받기도 한다. 그러다 보니 경제활동 인구 중에는 현실적으로 어려움을 겪으면서도 복지정책의 혜택을 받지 못하는 경우도 있다. 가령 20, 30대는 가장 왕성하게 일하지만 경제적으로 안정되어 있지 않은 경우가 많아 세금은 가장 많이 내면서도 가난할 수 있고 복지정책으로부터 소외될 수 있다.

물론 지금까지 성실하게 세금을 내온 노령자에 대한 사회보장 역시 소홀히 할 수 없는 부분이다. 우리를 비롯하여 여러 나라에서 이런 딜레마가 생기는 것은 전에 없던 인구 분포의 불균형 때문이다. 우리나라의 경우 짧은 산업화 역사 속에서 현 고령자 층이 경제를 이끌었고 그들에 대한 배려를 빼놓을 수 없다는 점 때문에 연령에 따른 복지혜택에 좀 더 민감하게 반응할 수 있다.

더불어 이혼 증가 추이를 보여주는 〈자료 2〉를 통해 복지정책의 또 다른 부담을 생각할 수 있다. 이혼이 증가하면 인구는 동일한데 세대는 증가한다. 가령 4인 가족 1세대가 2인 가족 2세대로 나뉘었을 때, 세대 단위로 복지 예산이 운영될 경우 필요 예산은 두 배가 된다. 수입은 그대로인데 지출만 늘어나는 것이다.

대통령 선거에서도 복지정책은 후보자의 당락을 결정짓는 중요한 문제이지만 위와 같은 상황으로 인해 함부로 결정내릴 수 없는 사안이다. 복지정책이 어려운 까닭을 현 사회 현상과 연관 지어 생각해보자

논제 20. 모방은 예술인가?

키워드 : 예술 일반, 창조와 모방

　대중음악계에서는 간혹 표절 시비가 일어난다. 표절 의혹은 한 음악의 특정 멜로디, 리듬 체계가 기존의 것과 지나치게 유사할 때 제기된다. 일곱 개의 음정으로 표현할 수 있는 멜로디가 한계에 다다랐다는 의견도 있다. 의도하지 않았더라도 부분적으로 유사한 음악이 나올 수 있는 확률이 높다는 것이다.

이는 음악뿐만 아니라 다른 장르의 예술에도 해당하는 사안이다. 이 문제는 단순히 모방에 대한 논의가 아닌 '예술이란 무엇인가?'라는 원론적인 논의로 확대될 수 있다. 어떤 관점으로 예술을 정의하느냐에 따라 모방은 여러 가지로 해석될 수 있기 때문이다. 시사성이 있으면서도 예술에 대한 이해를 묻는 논제이다. 언제고 출제될 수 있는 기본적인 주제이다.

<제시문>

내가 그의 이름을 불러주었을 때

그는 나에게로 와서

꽃이 되었다.

(…중략…)

너는 나에게 나는 너에게

잊혀지지 않는 하나의 의미가 되고 싶다.

-김춘수, 〈꽃〉 중에서

내가 그의 단추를 눌러주었을 때

그는 나에게로 와서

전파가 되었다.

(…중략…)

우리들은 모두

사랑이 되고 싶다.

끄고 싶을 때 끄고 켜고 싶을 때 켤 라디오가 되고 싶다.

- 장정일, 〈라디오와 같이 사랑을 끄고 켤 수 있다면〉 중에서

(2009, 한양대)

1. 제시문의 두 번째 작품은 예술 작품이라 할 수 있는가?

2. 예술에서 창조란 새로운 표현인가, 새로운 해석인가?

일반적으로 예술을 '삶에 대한 반영'이라 한다 인간이 발생시키는 삶의 여러 현

상들을 문학이나 회화, 음악 등으로 표현하는 것이다. 인간의 삶을 반영한 것이지만 예술가의 관점에 따르기에 현실과는 별개의 새로운 현상이자 창조물이 된다. 모방에 대한 논의는 여기에 바탕을 둔다.

표현된 결과물에 치중해 예술성을 평가할 경우, 기존의 것과 유사한 작품은 예술적 가치가 떨어진다고 여기게 된다. 예술가는 새로운 창조물을 만드는 것을 목표로 해야 하기 때문이다.

반면 예술가의 관점, 예술가가 어떻게 세계를 해석하느냐에 치중할 경우 유사함은 큰 문제가 되지 않는다. 이때는 기존의 것에 대한 편집도 예술로서 가치가 있다고 여겨진다. 중요한 것은 해석이 무엇이고 그것이 잘 드러나느냐이다.

한마디로 '새로운 제작이냐, 새로운 해석이냐'에 따라 가치 기준은 달라지고 모방에 대한 평가 역시 여기에 영향을 받는다. 이러한 두 가지 관점에 비추어 제시문의 〈라디오와 같이 사랑을 끄고 켤 수 있다면〉을 보자. 김춘수의 시 〈꽃〉을 패러디한 '장난'이 될 수도 있고, 기존작품의 주제를 새로 해석한 '예술'이 될 수도 있다.

논제 21. 동서양에 사고의 차이가 있는가?

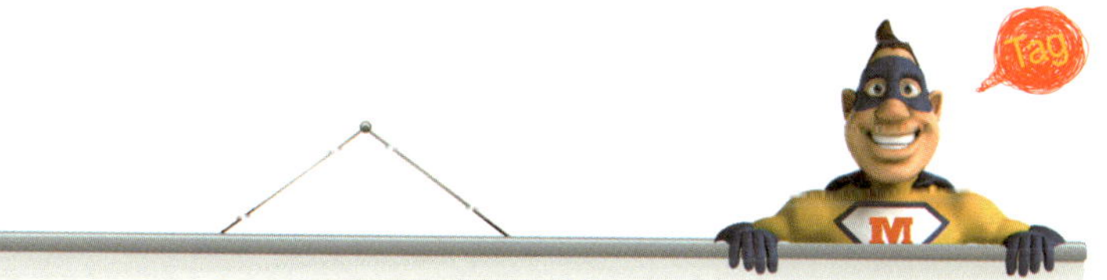

키워드 : 동서양 인식관, 변증법, 동일률, 문화상대주의

세계가 하나로 묶인 지구촌 시대에 살고 있지만 그렇다고 각각의 오랜 전통과 관습이 사라진 것은 아니다. 하나로 묶이는 공통된 생활양식이 있다면 서로 다른 양식 또한 여전히 존재한다. 통신·교통의 발달로 인해 다른 나라의 문화가 자주 교류되고 소개되면서 이러한 차이는 다양성이라 설명된다.

이런 양식들의 사례는 여러 가지를 찾을 수 있지만 그중에서도 각 문명권에 따른 인식의 차이를 살펴보는 것이 가장 기본적일 것이다. 인식의 차이는 생각과 행위의 차이를 낳기 때문이다. 타문화를 상대주의적인 관점에서 보려는 분위기가 강해지며 이미 내입 논술에서 여러 차례 나왔고 앞으로도 꾸준히 출제될 것으로 보인다.

〈제시문〉

여기 두 종류의 속담이 있다. 하나는 "빵 반쪽이라도 있는 것이 아예 없는 것보다는 낫다", "다수에 대항하는 소수는 반드시 패한다"라는 것이고, 다른 하나는 "인간은 쇠보다는 강하지만 파리보다 약한 존재이다", "적보다는 친구를 조심하라"는 것이다. 전자의 속담들은 모순을 내포하고 있지 않은 데 비하여 후자는 누가 봐도 명백한 모순을 내포하고 있다.

사회심리학자인 펑카이핑과 나는 후자의 속담 유형이 미국에서보다 중국에서 더 흔하게 발견된다는 사실에 주목했다. 우리는 미시간대학과 베이징대학의 학생들에게 그와 같은 일련의 속담들을 제시해주고 각 속담이 '얼마나 마음에 드는지'를 평가하게 했다. 그 결과 미국 학생들은 모순을 내포하고 있지 않은 속담들을 더 선호한 반면, 중국 학생들은 모순을 포함하고 있는 속담들을 선호했다.

이러한 차이가 중국 사람들이 미국 사람들보다 모순을 포함하고 있는 속담들에 더 친숙하기 때문만은 아니라는 사실을 증명하기 위하여, 우리는 두 나라 사람 모두에게 친숙하지 않은 유태인 속담을 이용하여 또 다른 연구를 수행했다. 결과는 마찬가지였다. 즉, 모순을 포함하지 않은 속담보다 모순을 포함한 속담에 대해서 중국인들의 선호가 훨씬 더 높았다.

'모순에 대한 선호'에서 드러나는 이러한 동서양의 차이는 매우 뿌리 깊은 근원을 가지고 있다. 고대 중국인들은 변증법적 사고라 부를 만한 사고방식을 가지고 있었는데, 그 가장 큰 특징은 모순이 되는 주장들을 타협을 통해 수용하는 것이었다. 모순되는 두 주장 모두에서 진리를 발견하고자 하는 것이 그 사고방식의 핵심이다.

동양인들의 생각에, 우주는 정적인 곳이 아닌 역동적이고 변화 가능한 곳이다. 우주는 끊임없이 변화하기 때문에 대립, 역설, 변칙이 늘 발생하며, 신구·선악·강약이 모든 사물 안에 동시에 존재한다. 대립은 사실상 서로를 완성시키고 보완하는 기능을 한다. 도교에서는, 모순 관계에 있는 두 주장들이 역동적인 조화의 상태로 존재하며, 서로 대립적인 동시에 서로 연결되어 상호 통제한다고 생각한다. 노자(老子)는 "사람들이, 아름다운 것이 아름답다는 것을 알 수 있는 것은 추한 것이 있기 때문이고, 착한 것이 착하다는 것을 알 수 있는 것은 착하지 않은 것이 있기 때문이다. 그러므로 있는 것과 없는 것은 서로 생기게 하고, 어려운 것과 쉬운 것은 서로 성립하게 하며, 긴 것과 짧은 것은 서로 비교할 수 있게 하고, 높은 것과 낮은 것은 서로 기대고 있다"라고 하였다.

서양 사고의 기본 원리 중 하나인 '동일률'은 상황이 변해도 달라지지 않는 일관성을 강조한다. 즉, A는 맥락에 관계없이 A인 것이다. 또한 '모순율'은 한 명제와 그 명제의 부정이 동시에 참일 수 없음을 강조한다. 즉, A이면서 동시에 A가 아닌 것은 있을 수 없다. 물론 현대의 동양인들이 서양인들의 논리학 원리를 모르는 것은 아니다. 그러나 동양인들은 순전히 형식 논리상 모순된다는 이유로 결론을 부정하는 것은 잘못된 판단으로 이어질 수 있다고 믿는다. 그들은, 개념이란 단지 사물의 반영에 불과하기 때문에, 반대인 것처럼 보이는 두 개념을 동시에 참이라고 받아들이는 것이 현명하다고 생각한다.

-리처드 니스벳, 『생각의 지도』 중에서 (2011, 고려대)

1. 어떤 대상에 관해 동일률과 변증법 중 하나만 적용할 수 있다 했을 때 무엇이 더 옳다고 생가하는가?

2. 변증은 모순을 긍징하는 것이다, 이는 때때로 사회 불의를 당연한 깃으로 받

3. 기독교는 유일신앙이다. 동일률과 연관이 있을까?

A가 A라는 것을 뜻하는(A=A) 동일률은 논리학의 제1원리이다. 이 단순한 원리에 의해 모순율, 배중율 등의 부차적인 원리가 가능하고 이들을 활용하여 보다 복잡한 원리, 판단기준 등을 만드는 것이 가능해진다. 반면 변증법은 하나의 대상 내에 두 개의 대립적인 요소가 함께 존재한다는 것으로 플러스(+)와 마이너스(-)를 떠올리면 쉽게 이해할 수 있다. 서로 모순된 속성이 대립함으로써 적절한 균형 상태를 이루었을 때 대상은 가장 완벽한 상태를 이룰 수 있다.

지나친 단순화이긴 하지만, 서양 문명의 발전이 동일률에 의해, 중국을 위시한 동아시아의 문명이 변증법에 의해 발전하였다고 '가정'하였을 때 우리에게 익숙한 동서양의 여러 문화적 차이가 풀이된다. 가령 지적 발전만 하더라도 서양의 옛 저작물들은 명확한 논증의 구조와 서술로 일관된다면 한국·중국·일본의 저작물의 경우 다분히 시(詩)적인 특성이 있다.

논증이 A=A라는 동일률을 확대하고 이에 모순되는 것을 추려내는 작업이라면, 변증은 이럴 수도 저럴 수도 있으며 변화 과정에 있는 상태이기에 시적 문체가 더 효과적으로 담아낼 수 있다. 서양에서 자연과학이 발전했던 것도 결코 이와 무관하지 않을 것이다.

정치사회적인 측면에도 대입해볼 수 있다. 동일률 하에서는 정의와 비정의가 양립될 수 없지만 변증법 하에서 정의와 비정의는 서로 대립하는 동시에 서로를 필요로 한다. 비정의는 정의로 가는 과정일 수도 있다. 바로 여기에서 동양 특유의 긴 안목과 통찰, 관용의 미덕 등이 생긴다.

변증에는 옳은 것과 그른 것이 한 데 뒤섞이고 혼재되어 판단을 흐리게 할 위험

또한 존재한다. 아시아는 정치적 지위가 세습되는 경향을 비롯해 전반적인 민주 정
치적 수준이 서구 사회에 비해 낮다. 이런 모습은 '모순'을 긍정하는 변증적 사고관
에서도 그 원인을 찾을 수 있다. 이는 정치적 특성의 이유를 단순히 후진성으로 몰
아갈 수 없는 이유이기도 하다.

논제 22. 양심이란 무엇인가?

키워드 : 개인 정체성, 윤리와 비윤리의 혼재, 사회 전형성의 위험

우리나라 자살자 중 40~50대 남성들의 자살 이유는 실직에 따른 비관이 많다고 한다.

실직은 말 그대로 잠시 경제활동을 쉬는 것에 불과한데 자살이라는 극단적 행동으로 이어지는 것은 중년 남성 대부분이 한 가정의 수입을 책임지는 '가장'이기 때문이다. 실직은 경제활동의 중단을 넘어 가장으로서의 책임을 다하지 못했다는 윤리적 문제로까지 확대된다.

행위가 윤리적으로 올바르지 않은 때에 양심의 가책을 느끼는 것은 자연스럽다. 그러나 실직처럼 윤리적으로 평가할 수 없는 행위가 윤리적인 잣대로 확대되는 것은 문제가 있으며, 사회 분위기나 관습 등이 관여한 결과일 수 있다. 대입 논술의 단골 주제인 '개인과 사회'를 윤리적 측면에서 살펴볼 수 있는 논제이며, 학생 각각의 사고의 깊이를 확인할 수 있는 논제이기도 하다.

〈제시문〉

죽는 날까지 하늘을 우러러

한 점 부끄럼이 없기를

잎새에 이는 바람에도

나는 괴로와했다

별을 노래하는 마음으로

모든 죽어가는 것들을 사랑해야지

그리고 나한테 주어진 길을

걸어가야겠다.

오늘 밤에도 별이 바람에 스치운다.

-윤동주, 〈서시〉 (2007, 이화여대)

1. 도덕적으로 잘못한 것이 없음에도 양심의 가책을 느끼는 이유는 무엇인가?

2. 잘못된 양심의 가책이 일으킬 수 있는 부작용은 무엇인가?

제시문은 우리나라 사람이라면 누구나 알 만한 윤동주의 〈서시〉 전문이다. '잎새에 이는 바람에도' 괴로워할 정도의 철저한 자기반성은 우리가 본받고 따라야 할 가치가 분명하다. 그러나 먼저 옳고 그름의 기준은 충분한 비판 과정을 거친 것으로 한정해야 하며, 명확히 제시되어야 한다. 그러지 않을 경우 자기반성은 단순 자기비하나 맹목적인 추종으로 이어져 오히려 비윤리적이고 비인륜적인 행위도 서슴없이 자행할 수 있다.

인간은 무리지어 사는 사회적인 존재이기에 사회가 행위나 대상에 부여하는 '표상'에 영향을 받는다. 표상이란 어떤 대상에 대해 떠올리는 마음속의 이미지, 심상이다. 우리는 자신의 성별, 직업, 학력 등에 따른 '표상'을 자의든 타의든 부여받고 이에 부합하려 노력한다. '40대 가장의 모습'이라 했을 때 우리한테 떠오르는 이미지가 바른 사회로부터 내가 부여받은 표상이다. 이는 전형성이 되어 우리 삶의 세세한 판단을 좌우하는 가치 덕목이 되며, 경우에 따라서 윤리를 초월한다. 돈을 못 버는 아버지는 자신이 무능력하다고 느끼게 된다. 자신의 입장이 사회가 정해 놓은 표상과 어긋나 있기 때문이다.

만약 이런 표상의 부여가 개인의 능력에 관한 것이 아닌 애국심, 종교관 등 집단의식에 관련된 것일 경우 윤리와 비윤리의 왜곡은 더욱 심해지게 될 것이다. 국가는 여러 가지 제도와 규율을 통해 훨씬 효과적으로 표상을 부여할 할 수 있기 때문이다. 과거 일본의 가미가제 특공, 나치의 인종 학살, 종교적 신념에 따른 비인륜적인 행위 등이 일어나는 이유는 결코 그들이 무지한 사람들이었기 때문이 아니다. 그들은 그 행위들이 윤리적인 행위라고 믿었다. 그들의 사회가 그 행위들에 대해 윤리적이라는 표상을 부여했기 때문이다. 따라서 그들은 자신들의 행위가 윤리를 지키기 위한 것이라 믿는다. '한 점 부끄럼 없는 하늘'이 한국의 하늘에만 해당되어서는 곤란하겠다.

논제 23. 죽음을 어떻게 받아들여야 하는가?

키워드 : 삶과 죽음, 죽음에 관한 태도, 운명

'모든 사람은 죽는다'는 명제는 우리가 참으로 받아들이는 진리이다. 그러나 이는 어디까지나 머리로 받아들이는 개념일 뿐, 실제 인간의 삶에서 죽음은 아득히 먼 훗날의 일 정도로 여겨진다. 쉬운 예가 가까운 사람이 죽었을 때 우리가 겪는 충격과 비애의 감정이다. 어제까지만 해도 곁에 있던 사랑하는 사람이 죽었을 때, 우리는 그 죽음을 결코 당연한 것으로 받아들이지 못한다. 교통사고나 질병 등으로 죽은 사람의 통계 역시 곧바로 와 닿는 실체성을 갖지 못한다. 머리로는 죽음을 인정하면서도 경험할 수 없는 일이기에 죽음에 대한 태도가 명확할 수 없는 것이다. 그러나 죽음에 관한 문제는 곧 삶에 관한 문제이기에 살이 있는 사람이라면 한번쯤 골몰하게 되는 논의이다. 또 시대와 지역을 초월하여 철학, 종교 등에서 늘 논의되는 대상이기에 논술 문제로도 늘 환영받는 주제이다.

〈제시문〉

擊鼓催人命

回頭日欲斜

黃泉無一店

今夜宿誰家

북소리는 내 목숨을 재촉하고

뒤돌아보니 해도 지려 하네

황천길에는 주막집도 없을 터인데

오늘밤은 어디에서 쉬어 갈 것인가

성삼문, 〈절명시〉 (2008, 서울대)

1. 삶과 죽음은 서로 어떤 관계인가?

2. 죽음에 대한 태도에 따라 삶의 차이가 있는가?

'모순'이라는 개념이 있다. 서로 배타적인 관계를 형성하는 논리적 관계를 가리키는데 양극과 음극처럼 중간을 허락하지 않는 한 쌍을 가리킨다. 그런데 양극은 반드시 음극이 있어야 전기를 만들 수 있다. 양극 전류만 흐르는 전깃줄은 빛을 낼 수 없다. 전력의 구실을 하지 못하는 것이다.

삶과 죽음도 서로 모순관계에 있다. 아직까지 삶과 죽음이 함께 존재하는 세계나 두 상태를 모두 오고가는 존재는 밝혀진 바 없다. 이렇게 모순관계로 묶이는 양극과 음극, 삶과 죽음은 자신과 모순되는 상대를 통해서만 자신이 존립할 수 있다. 음극이 있음으로 인해 양극이라는 구분이 있을 수 있으며 죽음이 있음으로 인해 삶이라는 구분 또한 가능해진다.

실제 인간의 삶에서 삶이라 부를 수 있는 구간은 태어나서부터 죽음의 상태로 넘어가는 순간까지이다. 언제부터 언제까지 살았다고 규정하기 위해서는 언제 죽었다는 기준이 제시되어야 하는 것이다. 결국 죽음은 삶의 단위를 결정짓는 요인이다. 그리고 양극이 음극을 포함하여만 완전한 전력이 될 수 있는 것처럼 삶 역시 죽음을 포함하고 염두에 두어야 한다.

제시문에서 화자는 이러한 인식 하에서 자기에게 주어진 운명을 담담히 받아들이고 있다. 죽음을 알리는 북소리는 이생과의 단절과 공포를 암시하기보다는 다만 오늘 하루가 저물었음을, 고단했던 오늘 하루를 접고 쉴 곳을 찾으라는 알림처럼 받아들여진다. 화자에게 죽음은 오늘밤 쉴 곳이 마땅찮은 나그네의 탄식 정도에 그치는 것이다. 이를 보고 '죽음을 무릅쓴 굳은 의지' 운운하는 것은 어울리지 않는다. 오히려 죽음을 담담하게 받아들였기 때문에 살아 있는 동안 올바른 일을 주저 없이 실천할 수 있었으며, 그 결과 달갑지 않은 죽음의 '방식'을 맞닥뜨린 것뿐이다.

대입 논술의 주제이기 전에 살아 있는 존재라면 한번쯤 생각해야 하는 주제이다. 답은 각기 다를 수 있으나 삶에 대한 깊은 성찰이 요구되는 논제이다. 논제 풀이를 떠나 자신의 문제로 진지하게 성찰해볼 것을 권한다. 평소에 성찰하는 태도는 고득점의 비결이기도 하다.

논제 24. 나에게 가족은 어떤 사람들인가?

키워드 : 가족 관계, 가정 문제, 사회의 일반적 가치와 가정문화의 특수성

가족은 모든 사람에게 해당하는 중요한 인간관계이다. 세상 수많은 사람 중에서 생활과 운명을 공유하는 사람들이 있다는 것만으로 의지가 되고 힘을 준다. 그런 만큼 가족을 이루고 더불어 행복하게 살아가는 것은 행복을 가늠하는 구체적인 지표가 되기도 한다.

그러나 바로 이런 이유에서 가족으로부터 받은 상처는 다른 상처에 비해 크고 깊게 남을 수 있다. 또 너무나 익숙하여 객관적 판단이 흐려지는 경우도 있다. 어렵지 않으면서도 수험자의 평소 사고력과 통찰력을 확인해볼 수 있는 논제이다.

〈제시문〉

어느 날 아침 그레고르 잠자가 악몽에서 깨어났을 때 자신이 침대 위에서 한 마리의 커다란 벌레로 변해 있음을 깨달았다. 그는 갑옷처럼 딱딱한 등을 대고 벌렁 누워 있었다. 고개를 쳐들고 보니 껍데기에 활 모양으로 불룩한 갈

색무늬가 보였다.

(…중략…)

부모님만 아니라면 이미 사표를 냈을 것이고 사장 책상 앞으로 당당히 걸어가 사표를 던져놓았을 것이다. (…중략…) 기차 시간에 맞추려면 미친 듯이 일어나 서둘러야 할 텐데 마음처럼 몸이 움직여지질 않았다.

(…중략…)

외판사원으로 일한 대가는 바로바로 돈으로 돌아왔기 때문에 돈다발을 테이블 위에 놓으면 가족들은 매우 놀라면서 기뻐하였다. 그때가 좋은 시절이었다. 그때 이후로 그레고르는 계속 돈을 벌어 온 식구의 낭비를 감당하였으나 가족들은 이미 익숙해져버렸고 더 이상 특별한 의미를 두지 않았다.

(…중략…)

아버지는 찬장 위에 있는 과일 접시에서 사과를 집어 주머니에 잔뜩 집어 넣더니 처음에는 겨누지도 않고 사과를 연달아 던졌다. 던져진 사과 하나가 그레고르의 등을 스쳤지만 다치지는 않고 빗나갔다.

그러나 다음에 날아온 사과가 그레고르의 등을 제대로 맞히고 말았다. 뜻밖에 받은 심한 고통으로 그는 옴짝달싹 못하고 온 감각이 마비되어 그 자리에 뻗어버렸다. (…중략…) 아무도 꺼내주지 않았기 때문에 사과는 등에 박힌 채 남아 있었다.

(…중략…)

"어머니! 아버지! 이 이상 더 못 견디겠어요. 아버지와 어머니는 아직 사정을 잘 모르시지만 저는 알고 있어요. 저는 이런 괴물을 오빠라 부르고 싶지 않아요. 그러니 저것을 없애버려야 해요."

(…중략…)

교회에서 시계탑이 새벽 3시를 칠 때까지 그는 이처럼 허전하고 고요한 명상에 잠겨 있었다. 창밖이 환하게 밝아오기 시작한 것을 그는 짐작할 수 있었다. 그때 그의 머리가 자기도 모르게 밑으로 푹 수그러졌다. 그리고 그의 콧구멍에서는 마지막 숨이 힘없이 새어나왔다.

-카프카, 『변신』 중에서 (1998, 한양대)

1. 가족 관계는 다른 인간관계에 비해 어떤 특성이 있는가?
2. 우리는 가족구성원의 헌신을 충분히 의식하고 고마워하는가?

한 가정에서 가족끼리 주고받은 대화는 일반적인 대화에 필요한 것들이 생략될 때가 많다. 문법이 무시되고 몇 개의 단어, 호명만으로도 대강의 의사 전달이 가능하다. 가족이 아닌 사람은 알아들을 수 없을 때도 많다. 각 가정에는 그들 나름의 역사와 생활 방식이 있기 때문이다.

가정은 한 사회 안에 존재하면서도 사회의 일반적 가치 기준과 다른 기준을 따를 수 있다. 사회가 금기시하는 것이라 하더라도 가정의 울타리를 넘지 않은 경우 사회가 일일이 관여할 방법이 없다. 이는 문제의 소지가 있다. 한 개인의 인성은 주로 유년기에 형성되며, 가정환경은 유년기에 가장 결정적인 영향을 주는 요소이다. 그러나 가정환경의 가치관이나 분위기는 부모처럼 가족을 이끄는 몇몇 구성원의 교양에 전적으로 의지하기 때문이다. 부모가 갖고 있는 윤리적 결함이나 편향된 사고 등이 아무런 견제 없이 곧바로 자식에게 무의식적으로 전수될 수 있는 것이다.

더욱이 "내 자식 내가 때리는데 당신이 무슨 참견이냐"는 식으로 가정 안에서 발생하는 사안에 대해 사회가 참견하는 것을 거부하는 경향이 강하다.

제시문 속의 그레고르는 가족의 경제생활을 책임지는 아들이자 오빠였으나 어느 날 갑자기 흉측한 벌레로 변한다. 가족들은 그레고르를 점점 외면하기 시작하고 나중에는 그를 죽음으로 몰고 간다. 가족들의 행위는 분명 사회적으로 비난 받을 일이다. 그런데 작품에 나오는 그레고르의 가족들은 지극히 보편적인 사람들이며, 만약 그레고르가 벌레로 변신하지 않았다면 결코 아들을 죽게 만들지 않았을 사람들이다. 평범한 사람을 냉혹한 사람으로 만든 것은 그레고르의 '변신'이다.

근면하게 일해서 가족에게 헌신하던 기특한 아들이 흉한 벌레가 되었다는 사실을 가족들은 받아들이지 못한다. 그들이 꼭 나쁜 사람이라서가 아니다. 가족들은 그동안 있었던 그레고르의 헌신을 가족으로서 충분히 할 수 있는 일이라 여겼지, 갚아야 할 은혜라고는 생각하지 않은 것이다. 아버지의 노동으로 생활하는 자녀들이 매순간 아버지에게 감사하지 않는 것과 마찬가지이다. 만일 아버지가 실직을 해 가난을 겪게 된다면, 그 가난은 그동안 그가 우리를 위해 애썼다는 사실만으로는 상쇄되지 않을 것이다.

만약 그레고르가 아들, 오빠가 아닌 한 사람으로서 가족들을 도와주었더라면 그들은 고마움을 느꼈을 것이다. 오히려 벌레가 된 그에게 예전에 받았던 고마움에 상응하는 행위를 했을 수도 있다. 어떠한 가족 구성도 윤리나 법 같은 사회 기준에 기반해 형성되지는 않는다. 이는 사회 안에 속해 있으면서도 사회와 확연히 다른 특수성을 생성하는 원인이 된다.

논제 25. 큰 정부가 좋은가, 작은 정부가 좋은가?

키워드 : 정부 역할, 정부의 비대화와 비효율성, 성장과 분배

국가 정부로부터 영향을 받지 않는 사람은 없다. 일단 집을 나서는 순간부터 모든 일상생활에 정부의 손길이 미친다. 신호등에 신호가 들어오는 순서부터 범죄자들을 격리하고 벌하는 일까지, 공공의 질서와 이익에 해당하는 것들은 모두 정부의 관리를 받는다. 개인은 함부로 시도할 수도 없는 일이다. 그러나 정부의 손길이 지나치게 세세한 영역까지 파고들 때, 또 가능한 여러 개의 방법 중 유독 한 가지만을 고집할 때, 이는 고마움이나 효율이 아니라 간섭이 되고 비효율이 된다. 정부에 파수꾼으로서의 역할과 권한을 어디까지 주어야 할까? 지극히 고전적인 문제이지만 속 시원하게 풀기는 힘든 주제이다. 도전해보자.

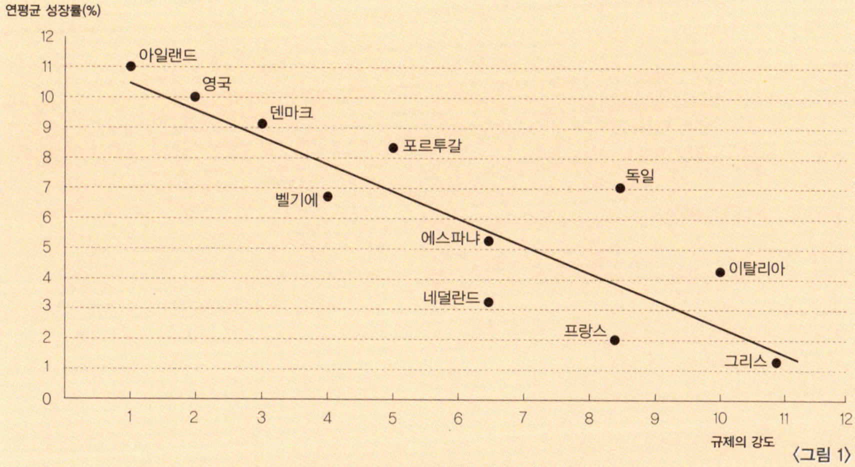

〈그림 1〉

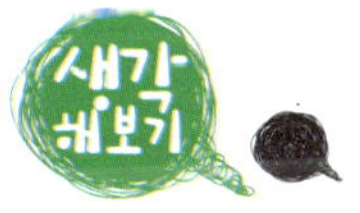

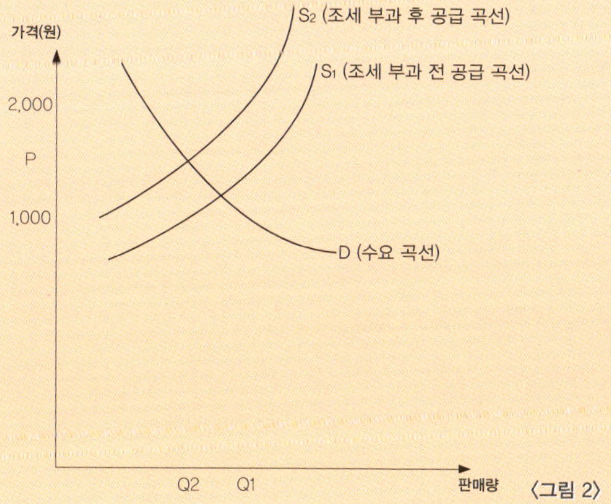

〈그림 2〉

(2009, 성균관대)

1. 큰 정부의 장점과 한계는 무엇인가?

　　2. 작은 정부의 장점과 한계는 무엇인가?

　　3. 정부 규제에 의한 낮은 성장이 긍정적으로도 받아들여질 수 있는가?

　정부 규제를 경계하고 개인의 자율성을 강조하는 움직임은 경제학을 비롯한 사회학의 오랜 화두이다.

　근대 산업화 시대, 경제학자 애덤 스미스는 각 욕망들이 서로 애쓰는 가운데 자연스럽게 질서와 합리가 만들어진다고 했다. 이른바 보이지 않는 손으로써 시장의 기능이다. 또 다른 경제학자이자 공리주의자인 밀 역시 『자유론』을 통해 경제뿐만 아니라 사회 여러 영역에서 정부의 간섭에서 자유로운 개인에 의한 발전과 효율을 강조하였다. 한마디로 작은 정부를 옹호하는 것이다. 정부 행정이 갖게 마련인 정형성을 경계하고, 대신 작은 정부와 방임적인 국가 권력 아래서 나올 수 있는 유연성을 강조한다.

　정부는 무언가를 도모하고 실행하기 위해서 법과 제도를 만든다. 그리고 이 과정에서 가장 올바르고 적절하다 여기는 것을 설정한다. 이럴 수도 저럴 수도 있는 유연성을 따르기보다는 한 가지로 정형화된 틀을 만드는 데 치중한다. 공공기관의 업무에 서류가 많은 것도 규정한 정형성에 부합하는지를 따지는 과정에서 발생한 필수불가결한 절차이다.

　그러나 이로 인해 실제 상황보다 문서에 대한 의존이 높아지고 법이 정한 규정에만 따르는 비효율성 역시 피할 수 없다. 〈그림 1〉처럼 규제와 발전은 정확히 반비례의 관계를 형성하게 되고, 〈그림 2〉처럼 조세를 통한 강력한 개입은 인위적으로 시장가격을 변동시켜 수요와 공급에 의한 가격의 자율 조절이라는 시장 본래의 대전제까지 무너뜨린다.

　그런데 만약 아일랜드의 높은 성장률이 몇몇 기업만에 의한 성장이라면 좋아할 수만은 없다. 반면 그리스와 이탈리아의 경우 성장률이 낮다. 그러나 국민 골고루에게 부가 분배되고, 약자가 보호되는 가운데 이룬 성장이라면 부정적으로만 평가할 수는 없다. 또 〈그림 2〉에서 보이는 국가의 개입 역시 특정 기업에 의한 시장독과점이나 횡포, 공급 과잉 등을 견제하기 위한 개입이라면 충분한 의의가 있다.

큰 정부, 작은 정부 둘 중 하나를 선택하기란 쉽지 않다. 중요한 것은 선택과 동시에 놓치는 게 있음을, 옳은 것을 선택하는 게 아니라 다만 가장 최선을 선택하는 것임을 인식하는 것이다. 그래서 선택과 동시에 놓치는 것을 보충하기 위한 노력도 함께 강구되어야 한다. 이처럼 어느 쪽을 택해도 바람직한 결과가 나오기 힘든 상황을 '딜레마'라고 한다. 이 논의 역시 딜레마적인 논리일 수밖에 없다. 딜레마적인 논의는 이 문제가 왜 딜레마인지를 명확히 보여주는 것이 최고의 논증이다. 둘의 장점과 한계를 균형 있게 제시헤보자.

논제 26. 우리는 주체성을 갖고 있는가?

키워드 : 주체의 상실, 이성의 도구화, 현대인의 윤리

영화나 드라마에 나오는 '악인'들은 공통된 전형성이 있다. 혐오스러운 말과 행동을 하고 자신의 욕망을 위해 착한 주인공을 괴롭히는 나쁜 성품을 가진 인물이라는 점이다.

그러나 과연 현실에서도 악인은 그런 모습일까?

중범죄를 저질러서 재판에 회부되는 사람들을 살펴보자. 그들은 모두 누군가의 아들이며 친구이고 평범한 옆집 이웃이다. 몇 사람을 거치면 나와 아는 사람일 수도 있고 만날 수도 있다. 그럼에도 영화나 드라마에서 악인을 전형화하는 것은 주인공의 선함을 극적으로 드러내기 위해서이다. 간편한 선악의 대결구도를 통해 많은 사람들의 공감대를 끌어낼 수 있기 때문이다.

현실에서 악인은 단지 성품이 나쁜 사람이 아니다. 성품과 상관없이 저질러지는 악행도 많다. 회사나 사회집단에서 맡은 일이 다른 사람에게 해를 끼치는 일일 수도 있다. 그러나 자신의 행위에 대해 옳고 그름을 따져보기보다는 주어진 역할에 충실하게 되는 경우가 많다. 자기 삶에 대한 능동성이 결여된 것이다. 쉽지 않은 주제이지만 여러 대학에서 꾸준히 다뤄지고 있는 논제이다. 도전해보자.

(2009, 동국대 응용)

1. 내가 옳다고 생각하는 것은 나의 이성에 이한 것인가?

2. 나의 이성은 언제 어디서든 올바른 것을 추구하는가?

3. 이성과 합리를 강조하고 있는 근현대 사회에서도 비인간석인 사건이 많이 발

   생하는 이유는 무엇일까?

가슴에 손을 얹고 생각해보자. 내가 지금 옳다고 생각하는 것은 정말 나 혼자 힘으로 만든 가치관일까? 아니면 여러 사람들이 그렇게 생각하고 강조해서 만들어진 생각일까?

후자의 비중이 높다. 꼬리 없는 여우들만 사는 나라에서 꼬리 있는 여우는 돌연변이이다. 즉 특정 사회에 속해 있는 개인은 그 사회의 논리체계에 젖게 마련이다. 특히 현대 사회는 교통과 통신, 각종 미디어가 발달해 정보와 지식을 공유하기 쉽다. 이런 체제는 사회의 논리체계를 단일화하고 확고히 하는 데 큰 기여를 한다. 더불어 현대는 산업사회이다. 산업사회에서는 효율적이고 생산적인 결과를 가져오는 일만이 실질적인 의의가 있다. 아무리 이성적이고 합리적인 사고·행위라 하더라도 물질적 가치로 환산되지 않으면 큰 호응을 얻지 못한다. 보편적 이성은 개인의 윤리에 관여하기보다는 최대 이윤을 남기기 위해 시간을 조절하고 행동을 통제하는 도구이다.

이 두 가지 사안은 현대인의 무비판적 개인성을 낳는 핵심이 된다. '나'는 구체적인 현상에 개입하지 못한다. 때문에 실제적인 경험을 통한 비판의 기회를 갖지 못하고 TV에 나오는 유창한 지식인의 언변 등으로 의견을 대신한다. 마음 한 켠에서 순수한 이성이 작동하더라도 어떤 이득으로 귀결될 수 있는 게 아니라면 스스로 지워버리기도 한다.

제시문의 그림에서 가려진 얼굴은 정체성을 의미한다. 이 정체성을 당당히 드러내고 살 수 있을 때 우리는 비로소 주체적인 삶을 영위한다고 할 수 있다. 그러나 현대인은 정체성 대신 그때그때 필요한 전략에 맞는 가면을 택한다. 정체성은 없고 그가 속한 사회에서 추켜세우는 가면들을 갖고 있다.

물론 이 가면도 아무 것이나 택할 수는 없다. 직업이나 소득 등에 따라 전형화된 가면들이 정해져 있기 때문이다. 문제는 여기에서 발생한다. 사람들은 이 가면을 마치 사회에 의해 공인된, 사회가 자신에게 지정해준 삶의 양식 정도로 받아들인다. 비이성과 비윤리의 싹은 여기에 있다.

19세기 영국이 죄책감 없이 중국 사람들을 마약에 중독시켰던 이유, 독일군이 살아 있는 사람을 생매장하면서도 극진한 애국심에 감동했던 이유는 그들이 특별히 악마 같은 사람들이어서가 아니다. 그들은 그저 사회가 말하는 논리체계를 앵무새처럼 따라 읊었고, 사회체계가 바뀌면 새 주인을 맞은 노예처럼 자신의 가치관도 바꾸어버렸을 뿐이다. 평범한 사람들이 모여 집단을 이루자 개인의 판단보다 집단의 윤리·논리 체계에 따라 돌출 행위와 폭력, 맹신적 정치 이념을 드러내는 것이다. 사이비 종교 역시 마찬가지이다.

사고의 폭이 넓은 주제이다. 이숙한 시인을 통해 점점 넓혀가는 것도 방법이다. 단 장황하지 않도록 주의한다.

논제 27. 우리는 세상을 올바르게 인식하는가?

키워드 : 인식 방법, 감각 경험, 판단 능력

백화점에 가면 듣기 좋은 음악이 흐르고 밝은 조명이 실내를 비추고 있다. 상품이 진열된 곳은 한층 아름답게 꾸며져 있다. 나에게 필요한 상품이 아니더라도 잠시 멈춰 상품을 살펴보게 된다. 까딱하면 충동구매를 할 수도 있다.

정교한 연출 장치는 우리의 시각, 청각, 후각을 즐겁게 하고 들뜬 감정은 불필요한 상품을 사게 만든다. 감각에 의해 판단이 흐려지는 것이다. 비단 소비생활뿐만 아니라 인간관계나 학문적 연구 등에서도 비슷한 일이 벌어진다. 인간의 감각 경험은 빠르게 사물의 실체를 알게 해주는 유용한 도구이지만 거기에서 비롯된 감정은 올바른 판단을 방해하기도 한다. 인간의 인식 체계 및 인식의 올바른 방법에 관한 주제는 인문학의 오랜 주제이다. 언제든 출제될 수 있는 핵심 논제이다.

〈제시문〉

강물은 두 산 사이에서 흘러나와 돌에 부딪혀 싸우는 듯 뒤틀린다. 그 성난 물결, 노한 물줄기, 구슬픈 듯 굼실거리는 물갈래와 굽이쳐 돌며 뒤말리며 고함치는, 원망하는 듯한 여울은 장성을 뒤흔들어 쳐부술 氣勢(기세)가 있다. 수만의 전차와 수만의 군사와 수만의 포대와 큰 북으로도 그 퉁탕거리며 무너져 쓰러지는 소리를 충분히 形容(형용)할 수 없을 것이다. 모래 위엔 엄청난 큰 돌이 우뚝 솟아 있고, 강 언덕엔 버드나무가 어둡고 컴컴한 가운데 서 있어서, 마치 물귀신들이 서로 다투어 사람을 엄포하는 듯한데, 좌우의 이무기들이 솜씨를 試驗(시험)하여 사람을 붙들고 할퀴려고 애를 쓰는 듯하다.

어느 누구는 이곳이 전쟁터였기 때문에 강물이 그렇게 운다고 말한다. 그러나 이것은 그런 때문이 아니다. 강물 소리란, 사람이 그것을 어떻게 받아들이느냐에 따라 다른 것이다. 나의 居處(거처)는 산중에 있었는네, 바로 문 앞에 큰 시내가 있었다. 해마다 여름철이 되어 큰 비가 한 번 지나가면, 시냇물이 갑자기 불어서 마냥 전차와 기마, 대포와 북소리를 듣게 되어, 그것이 이미 귀에 젖어버렸다. 나는 옛날에, 문을 닫고 누운 채 그 소리를 區分(구분)해본 적이 있었다. 깊은 소나무에서 나오는 바람 같은 소리, 이것은 듣는 사람이 淸雅(청아)한 까닭이며, 산이 찢어지고 언덕이 무너져 내리는 듯한 소리, 이것은 듣는 사람이 흥분한 까닭이며, 뭇 개구리들이 다투어 우는 듯한 소리, 이것은 듣는 사람이 교만한 까닭이며, 수많은 축(筑)*의 적한 가락인 듯한 소리, 이것은 듣는 사람이 노한 까닭이다. 그리고 우르릉 쾅쾅 하는 천둥과 벼락같은 소리는 듣는 사람이 놀란 까닭이고, 찻물이 보글보글 끓는 듯한 소리는 듣는 사람이 韻致(운치) 있는 性格(성격)인 까닭이고, 거문고가 궁우(宮羽)**에 맞는 듯한 소리는 듣는 사람이 슬픈 까닭이고, 종이창에 바람이 우는 듯한 소리는 듣는 사람이 疑心(의심)하고 있기 때문인 것이다. 따라서 이러한 모든 소리는, 올바른 소리가 아니라 다만 자기 흉중에 품고 있는 뜻내로 귀에 들리는 소리를 받아들인 것에 지나지 않는다.

그런데, 나는 어제 하룻밤 사이에 한 강을 아홉 번이나 건넜다. 강은 塞外(새외)로부터 나와서 장성을 뚫고 유하, 조하, 황화, 진천 등의 여러 줄기와 어울려 밀운성 밑을 지나 백하가 되었다. 내가 어제 두 번째 배로 백하를 건넜는데, 이것은 바로 이 강의 下流(하류)였다. 내가 아직 요동 땅에 들어오지 못했을 무렵, 바야흐로 한여름의 뙤약볕 밑을 지척지척 걸었는데, 홀연히 큰 강이 앞을 가로막아 붉은 물결이 산같이 일어나서 끝을 볼 수 없었다. 아마 천리 밖에서 暴雨(폭우)로 洪水(홍수)가 났었기 때문일 것이다. 물을 건널 때에는 사람들이 모두들 고개를 쳐들고 하늘을 우러러보고 있기에, 나는 그들이 모두 하늘을 향하여 묵도를 올리고 있으려니 생각했었다. 그러나 오랜 뒤에야 비로소 알았지만, 그 때 내 생각은 틀린 생각이었다.

물을 건너는 사람들이 힘차게 돌아 흐르는 물을 보면, 굼실거리고 으르렁거리는 물결에 몸이 거슬러 올라가는 것 같아서 갑자기 현기증이 일면서 물에 빠지기 쉽기 때문에, 그 얼굴을 쳐든 것은 하늘에 기도하는 것이 아니라 숫제 물을 피하여 보지 않기 위함이었다. 사실, 어느 겨를에 그 잠깐 동안의 목숨을 위하여 기도할 수 있었으랴!

그건 그렇고, 그 危險(위험)이 이와 같은데도, 이상스럽게 물이 성내어 울어 대진 않았다. 배에 탄 모든 사람들은 요동의 들이 넓고 평평해서 물이 크게 성내어 울어 대지 않는다고 말했다. 그러나 이것은 물을 잘 알지 못하는 까닭에서 나온 誤解(오해)인 것이다. 요하가 어찌하여 울지 않았을 것인가? 그건 밤에 건너지 않았기 때문이다. 낮에는 눈으로 물을 볼 수 있으므로 그 위험한 곳을 보고 있는 눈에만 온 정신이 팔려 오히려 눈이 있는 것을 걱정해야만 할 판에, 무슨 소리가 귀에 들어온다는 말인가? 그런데, 이젠 전과는 반대로 밤중에 물을 건너니, 눈엔 위험한 光景(광경)이 보이지 않고, 오직 귀로만 위험한 느낌이 쏠려, 귀로 듣는 것이 무서워서 견딜 수 없는 것이다.

아, 나는 이제야 道(도)를 알았도다. 마음을 잠잠하게 하는 자는 귀와 눈이 累(누)가 되지 않는데, 귀와 눈만을 믿는 자는 보고 듣는 것이 더욱 밝아져서 큰 병이 된다는 것을 깨달았다. 이제까지 나를 시중해 주던 마부가 말한테 발을 밟혔기 때문에, 그를 뒷수레에 실어 놓고, 내가 손수 고삐를 붙들고 강 위에 떠 안장 위에 무릎을 구부리고 발을 모아 앉았는데, 한번 말에서 떨어지면 곧 물인 것이다. 거기로 떨어지는 경우에는 물로 땅을 삼고, 물로 옷을 삼고, 물로 몸을 삼고, 물로 性情(성정)을 삼을 것이라. 이러한 마음의 判斷(판단)이 한번 내려지자, 내 귓속에선 강물 소리가 마침내 그치고 말았다. 그리하여, 무려 아홉 번이나 강을 건너게 되었는데도 두려움이 없고 태연할 수 있어, 마치 방 안에서 편안히 앉아 있는 것과 같았다.

옛적에 禹(우)가 강을 건너는데, 누런 용이 배를 등으로 져서 지극히 危險(위험)했다 한다. 그러나 生死(생사)의 判斷(판단)이 일단 마음속에 정해지자, 용이거나 지렁이거나, 혹은 그것이 크거나 작거나 간에 아무런 關係(관계)도 될 바가 없었다 한다. 소리와 빛은 모두 外物(외물)이다. 이 외물이 항상 사람의 耳目(이목)에 累(누)가 되어, 보고 듣는 機能(기능)을 마비시켜버린다. 그것이 이와 같은데, 하물며 강물보다 훨씬 더 험하고 위태한 人生(인생)의 길을 건너갈 적에 보고 듣는 것이야말로 얼마나 致命的(치명적)인 병이 될 것인가? 나는 또 나의 산중으로 돌아가 앞내의 물소리를 다시 들으면서 이것을 經驗(경험)해볼 것이려니와, 몸 가지는데 교묘하고, 스스로 총명한 것을 自信(자신)하는 자에게 이를 경계하고자 하는 것이다.

* 축(筑) : 거문고 비슷한 현악기

** 궁우(宮羽) : '宮'과 '羽'는 옛날의 음계 이름

-박지원, 『열하일기』 중에서 (2005, 서울대)

1. 감각 경험은 어떤 기능을 하는가?

2. 감각 경험이 올바른 판단이 되기 위해서는 무엇이 필요한가?

3. 자극적인 감각을 제공하는 현대 사회가 위험한 이유는 무엇인가?

한밤중에 깊은 산 속을 걷는다면 사방의 모든 사물들이 공포의 대상으로 다가올 것이다. 큰 나무 그림자, 풀들이 부스럭대는 소리 등이 모두 사람을 겁먹게 만든다. 그러나 같은 장소를 낮에 걷는다면 공포가 아닌 호젓함과 상쾌함을 느낄 것이다. 우리가 가지고 있는 감각 능력 때문이다. 동일한 대상이라 하더라도 어떻게 감각하느냐에 따라 여러 가지 감정을 느낄 수 있다.

감정은 대상에 대한 주관적 선입견을 만들고 이로 인해 대상에 대한 객관적인 판단을 방해한다. 밤중에 지리산에 올라가 공포를 경험한 사람은 지리산에 대한 나쁜 인상을 갖고 있을 확률이 높다. 한낮에 지리산에서 즐거운 등산을 경험한 사람은 그 반대일 것이다. 두 사람이 만나 지리산에 대해 논의한다면 쉽게 합의를 얻지 못할 수 있다. 혹은 서로의 의견을 '주관적인 의견'이라고 비판할지도 모른다.

집단의 결정이 필요한 사회에서는 어떨까? 어떤 사안에 대한 최종 판단을 객관적인 자료나 근거에 의지해서 내리기보다는 의견이 같은 사람의 숫자가 많은 쪽, 공감

대가 큰 쪽으로 기울어버릴 수도 있다. 따라서 올바른 판단을 위해서는 감각 경험에 의한 선입견이 배제되어야 한다. 물론 감정은 감각 경험에 의해서만 만들어지지 않는다. 그리고 감각이 감정을 위해서만 존재하는 것은 아니다. 보고 듣고 만지는 것은 사물의 실체를 파악하기 위한 중요한 과정이다. 그러나 감각에 전적으로 의존하면 잘못된 판단을 하게 된다. 감각으로 알게 된 정보를 취합하고 비판하는 능력이 중요하다. 칸트는 이를 '비판 능력'이라 했다.

우리는 정신에 들어온 감각 정보들을 범주(카테고리)로 구분하는 과정을 거쳐 최종 판단을 끌어낼 수 있다. 가령 어둠 속에서 나무들이 귀신처럼 보일지라도 크기와 상태, 질감 등의 정보를 객관적으로 따져보면 '가시광선이 없는 상태에서 보는 오래 된 나무의 모습'이라는 것을 알 수 있다. 제시문에서 말하는 '마음을 잠잠하게 하는 자'가 가진 능력이다.

자극적인 감각 경험을 매일 제공하는 현대 사회에서는 감정적 선입견을 배제하고 감각 정보를 분석하는 능력이 더더욱 필요하다. 그러한 감각 경험들은 반드시 어떤 목적을 달성하기 위해 고안된 것이기 때문이며 우리의 판단을 흐리게 하고 올바른 인식 능력을 빼앗아가기 때문이다.

논제 28. 양성평등은 왜 쉽게 이루어지지 않는가?

키워드 : 여성 차별, 여성의 사회적 진출, 출산율 저하

지금 우리나라에서 사회 제도가 여성을 차별하는 경우는 거의 없다. 정치적 참여를 비롯하여 경제활동 등에서 남성·여성의 구분은 공식적으로 존재하지 않는다. 여러 영역에서 '여성적인' 성격이나 태도를 더 필요로 하는 경우도 많다. 가치 있고 좋은 것이라면 남녀를 따질 필요가 없다.

그러나 결과만 놓고 봤을 때 여성의 사회적 지위는 여전히 낮은 편이다. 정치인, 경영인 등 사회지도층 인사에서 여성의 비중은 남성에 비교할 수 없을 정도로 낮으며 노동시장에서도 여성은 남성이 기피하는 업종, 저임금, 불안정한 고용 형태에 주로 분포되어 있다. 이유가 무엇일까? 우리나라는 여성부를 운영하고 있을 정도로 여성과 양성평등에 대해 갖는 사회적 관심이 크다. 출제 빈도가 높은 주제이다.

(단위 : %)

구분	계	사회적 편견·관행	직업의식 책임감 부족	불평등한 근로여건	일에대한 여성 능력 부족	구인정보 구하기 어렵다	육아부담	가사부담	모르겠다
전체	100.0	19.9	3.2	12.7	1.5	3.1	52.6	5.2	1.8
미혼	100.0	28.8	3.4	18.8	1.3	2.6	38.2	4.5	2.4
기혼	100.0	16.2	3.1	10.1	1.6	3.3	58.5	5.5	1.6

〈표〉 여성취업의 가장 큰 장애요인: 20세 이상

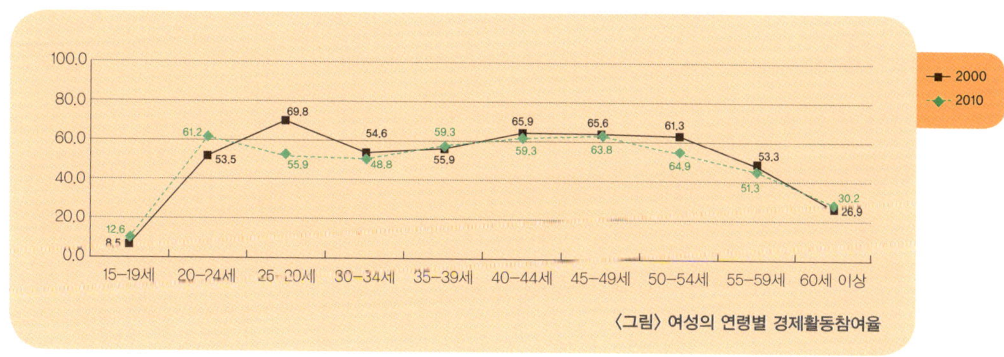

〈그림〉 여성의 연령별 경제활동참여율

(2013, 서울시립대)

1. 출산 이후 여성의 사회적 참여가 급격히 떨어지는 이유는 무엇인가?

2. 출산이 가진 사회적 의미는 무엇인가?

3. 왜 사회가 출산과 육아에 책임을 져야 하는가?

　생물학적으로 여성이 갖고 있는 능력 중에 하나가 임신과 출산이다. 이들은 당사자 여성에게 '어머니'라는 막중한 의무를 부과한다. 임신과 출산의 고통은 비교적 짧은 기간 동안 이루어지지만 아이가 건강한 신체를 가진 인격체로 자라날 때까지 어머니는 줄곧 그를 보살피는 수고를 감내해야 한다. 육아는 집 안의 자질구레한 일들과 연관되게 마련이고 자연스레 가정의 대소사를 관리하면서 여성은 집 안에 머무는 '안'사람이 되기 쉽다. 그래서 아무리 능력 있는 여성이라 하더라도 '어머니'가 되는 순간 그는 시간과 노동의 일부를 아이에게 할애하게 되고, 출산 전의 사회 활동을 그대로 유지할 경우 대단한 노력과 자기희생이 요구된다.

〈표〉에서 기혼여성의 58.5%가 육아에 대한 부담을 취업 장애의 요인으로 꼽았다. 일반적인 직장 생활을 하면서 육아를 함께 병행하기가 힘들기 때문이다. 〈그림〉에서 30대 여성의 취업 비중이 급격히 떨어지는 이유도 육아 때문으로 볼 수 있다. 보통 20대 후반에 결혼하여 30대 초중반에 출산을 한다고 본다면 그래프의 이동과 정확히 맞아떨어진다. 아이가 학교에 들어가 어머니의 손길에서 어느 정도 자유로워지기 전, 즉 여성의 나이가 40대가 되기 전까지는 육아에 충실할 수밖에 없을 것이다. 결국 출산은 여성이 갖는 고유능력이면서도 불평등한 결과를 초래하는 원인이 된다.

어머니의 역할을 바꿀 수는 없다. 남성이 아이를 낳을 수는 없기 때문이다. 또한 여성은 생물학적으로도 육아에 더 적합한 경우가 많다. 그렇다고 해서 출산과 양육을 여성에게 모두 일임할 수는 없다. 출산과 동시에 여성이 집 안에 머문다는 것은 출산 전 그가 수행했던 능력과 역할이 사라진다는 것이며 이는 사회 전체의 손실이다. 반려자인 남편이 함께 책임지는 것은 물론 사회가 참여하여 육아로 인한 노동의 손실을 막아야 한다.

아울러 출산은 사회 구성원을 제공해 사회를 유지하기 위한 가장 1차적인 바탕이기도 하다. 개인의 출산이 사회 전체의 축복으로 다가올 수 있는 것, 또 사회가 출산과 양육에 일정 부분 의무와 책임이 있는 이유는 이 때문이다. 새로운 사회구성원의 유입이 꾸준해야만 사회는 유지될 수 있고, 고령화와 같은 사회문제도 해결될 수 있다. 따라서 양성평등을 강조하는 사회라면 여성의 출산이 여성 혼자의 문제로 다가오지 않도록 실질적이고 구체적인 방안을 제시해주어야 한다. 출산과 육아의 사회적 기능과 역할을 생각해보고, 각자 대안을 생각해보자.

논제 29. 착하게 살면 행복할까?

키워드 : 윤리관, 선행과 행복, 선(善)의 기준

폭력, 정치 비리, 사기 등은 타인에게 피해를 주는 행위이며 모두 법으로 금지하는 범죄이다. 그럼에도 사회에서 이런 범죄나 악행들이 끊임없이 일어나는 것은 올바른 방식으로 이루기에는 힘든 것, 오랜 시간이 소요되는 것들을 악행으로는 쉽게 이룰 수 있기 때문이다.

싸구려 재료를 써서 만든 음식을 유기농 식품이라 포장해 비싸게 판매하는 판매자는 법을 지키는 판매자의 몇 배에 달하는 이득을 볼 것이다. 비리를 저지른 정치가는 비리를 저지르지 않은 정치가에 비해 훨씬 많은 돈을 벌고 더 높은 지위에 올라가기 쉽다.

그런데도 계속 착하게 살기를 강조해야 할까? 차라리 법망을 피해 교묘히 나쁜 일을 저지르는 방법을 배우는 것이 낫지 않을까? 이 주제는 인간의 역사와 함께 한 주제이다. 동서양의 오랜 고전에서 제시문을 가져올 확률이 높다. 일반 대학은 물론 교육대학교와 같이 인성을 중요시하는 전형에 특히 자주 출제된다.

〈제시문〉

백이와 숙제는 고죽군의 아들들이다. 아버지 고죽군은 숙제를 후계자로

세우려고 하였으나, 숙제는 형인 백이에게 그 자리를 양보하였다. 그러나 백이는 '그것은 아버지의 명령'이라며 사양하고 도망가버렸다. 그러자 숙제도 도망쳐버렸다.

그 후 백이와 숙제는 주(周)나라의 문왕(文王)이 노인을 잘 대우한다는 말을 듣고 귀의하려고 찾아갔다. 주나라에 이르니 마침 문왕은 죽고, 그 뒤를 이어 즉위한 아들 무왕이 나무로 만든 문왕의 신주(神主)를 수레에 싣고 은(殷)나라의 주(紂) 임금을 정벌하러 가는 중이었다. 백이와 숙제는 그의 말고삐를 잡고 간언하였다.

"아버지가 돌아가셨는데 장사를 지내지 않고 곧장 군사를 일으키는 것을 효라고 할 수 있겠습니까? 또 신하가 주인 격인 은나라를 치는 것을 인(仁)이라 할 수 있겠습니까?"

무왕의 좌우에 있던 사람들이 그들을 해치려 하자, 태공망이라는 사람이 '이들은 의인(義人)이다'라고 하며 무사히 떠나게 하였다. 무왕이 은나라를 정벌하자 천하는 무왕의 주(周)나라를 종주(宗主)로 받들었다. 그러나 백이와 숙제는 그것을 부끄러이 여기고 의(義)를 지켜 주(周)나라 땅에서 나는 곡식을 먹지 않고, 수양산에 숨어서 고사리만 캐먹다가 마침내 굶어 죽고 말았다.

백이와 숙제 같은 사람을 정말 선인(善人)이라고 할 수 있지 않겠는가? 이처럼 인(仁)을 쌓고 깨끗한 행동을 하였는데 굶어 죽고 말다니! 공자는 70명의 제자 중에서 안회(顔回)만이 배우기를 좋아한다고 추켜세우지 않았던가? 그러나 안회는 굶기기 일쑤였고 술지게미조차 배불리 먹지 못한 채 젊은 나이에 죽고 말았다. 하늘이 착한 사람에게 보답하여 베푸는 것이 어찌 이럴 수가 있는가? 반면 도척(盜跖)은 매일같이 죄 없는 사람을 죽이고 사람의 고기를 먹었으며, 흉포한 행동을 제멋대로 하면서 수천의 무리를 모아 천하를 횡

행하였지만, 결국 천수를 다 누렸다. 그가 무슨 덕(德)을 쌓았기 때문이란 말인가?

또한 근세에도 법도에 어긋난 행동을 하고, 하지 말아야 할 것만 골라서 하면서도, 일생을 편안히 살 뿐 아니라 대대로 부귀를 누리는 자들이 있다. 반면 땅을 가려서 밟고, 때가 되어야 말을 하며, 사잇길을 가지 않고 공정한 일이 아니면 행하지 않음에도 불구하고, 재앙을 만나는 사람이 이루 헤아릴 수 없이 많다. 나는 심히 당혹함을 금치 못하겠다. 도대체 이른바 천도(天道)라는 것은 옳은 것인가 그른 것인가?

-사마천, 『사기(史記)』 중에서 (2003, 한국외대)

1. 선행은 우리에게 행복을 가져다주는가?
2. 백이와 숙제는 의인(선인)이라 할 수 있는가?

제시문에 나타난 백이와 숙제는 너무나 착한 사람들이다. 형제는 서로에게 권력을 양보한 것도 모자라 그런 갈등 상황이 싫어 아예 도망을 가버린다. 또 자신들의 소신을 지키기 위해 굶어 죽는 쪽을 택할 정도로 스스로에게 엄격하다. 사마천은 묻는다. 나쁜 일을 서슴지 않는 사람들은 호의호식 하면서 오래오래 사는데 왜 이렇게 착한 사람들이 행복하지 못하고 굶어 죽어야 하는가? 천도, 즉 인간이라면 응당 따르고 지켜야 할 도리가 과연 있기나 한 것일까? 선을 행함으로써 백이와 숙제처럼 불행만을 겪게 되진 않을까?

결국 '왜 선을 행해야 하는가?'라는 질문이 핵심이다. 노자는 이렇게 말했다. "선이라는 개념이 있기에 악이라는 개념이 있다." 선악이 서로에게 의지하는 상대적 개념임을 가리킨다. 이를 확대하면 보편적인 선행이 있을 때, 즉 대부분의 사람들이 선행을 할 때에라야 악은 특수하고 빠른 이익을 가져다줄 수 있다. 모두가 도둑이라면 도둑질은 특수하지 않고, 이익은커녕 손해만 가져올 수 있다. 따라서 선행은 최대한 많은 사람들이 가장 행복하게 살 수 있는 방법임에 틀림없다.

그런데 선을 행하는 방식이 반드시 백이와 숙제 같은 형태여야만 하는 것은 아니다. 백이와 숙제는 둘 모두 왕위를 잇지 않고 도망쳤다. 그들이 떠난 뒤 주인이 없어진 왕위 계승권을 놓고 피비린내 나는 권력 쟁탈이 벌어졌다면 백이와 숙제는 꼭 선인이라고 할 수 없으며, 복잡한 일에 얽매이고 싶지 않아 회피한 사람들 정도에 지나지 않을 것이나. 또 의롭지 못한 사회를 거부해 산 속에 숨어 지내는 것은 경우에 따라서 이기적이고 비겁한 행위가 될 수도 있다. 같은 행동도 근거하는 가치 기준에 따라 선행일 수도 있고 아닐 수도 있다.

욕심을 부리지 않는 것을 미덕으로 여기는 관점에서 보자면 두 형제는 선인이다. 그러나 그들이 백성들에 대한 책임이 있는 왕자였다는 점에서는 결코 선행을 했다고 할 수 없다.

논제 30. 법은 어떻게 만들어지고 유지되는가?

키워드 : 법의 원리, 시민 권리, 법과 정치

민주주의 사회에서 법은 시민에 의해 만들어진다. 국회의원이나 대통령을 뽑는 선거 제도부터 공청회 같은 입법 관련 제도 등은 모두 시민들의 참여를 보장하기 위한 장치들이다. 이는 단순히 시민의 권리를 보장하기 위한 제도만은 아니다. 법이 선포되고 나면 이를 따라야 할 사람들 역시 시민들이라는 사실을 감안한 것이다. 내 목에 달 방울을 내가 만드는 것이니, 그 내용에 대해 충분히 숙고하라는 의미이다. 일단 법이 선포되면 원하지 않더라도 따라야 하는 의무가 발생하기 때문이다. 선거가 중요한 이유이기도 하다. 한번 정해지면 그 법으로 인해 불리한 사람들이 발생한다 해도 법은 쉽게 바뀌지 않는다. 손해 보는 사람들 못지않게 이익을 보는 사람들이 있기 때문이다. 인문논술에서 비교적 난이도가 높은 법 관련 논제이다. 시민 권리, 정치 활동 등 관련 개념들과 함께 고전과 현대문학·비문학을 넘나드는 다양한 제시문에서 출제된다.

〈제시문〉

어떤 국가든지 그 국가 특유의 생존 원리를 위협하는 범죄를 가장 엄격하게 처벌하고 있는 반면 그 외의 범죄에 대해서는 현저한 대조를 이룰 만큼 관대한 태도를 취하고 있는 것을 우리는 본다. 종교국가는 국경선의 이동과 같은 것은 단순한 경범죄로 처리한다. 요약하면 국가나 개인으로부터 발생하는 법감정의 반응은 그들의 특수한 생존 조건이 직접 위협당하고 있다고 느끼는 곳에서 가장 강렬하게 나타난다는 것이다.

사실 수많은 개인이나 모든 계급의 이해관계가 세월의 흐름과 함께 현행법과 밀접히 연관되기 때문에 이들 개인이나 계급이 추구하는 이해를 위와 같은, 극히 예민한 방법으로 침해하지 않고서는 법 개정이 불가능한 것이다. 즉 법규나 제도 자체에 의문을 던진다는 것이며 수천 개의 발로 밀착되어 있는 해파리를 떼어내는 것과 같다. 그러므로 이러한 종류의 모든 시도는 자기 보존을 위한 자연적인 충동으로써 이익을 침해당하는 자들의 강한 반항을 받게 되어 결과적으로 투쟁을 야기시킨다.

-루돌프 폰 예링, 『권리를 위한 투쟁』 중에서 (2001, 고려대)

1. 각 나라마다 법이 다른 이유는 무엇인가?

2. 법의 가장 큰 기능은 무엇인가?

3. 새로운 법이 만들어지기 위해서는 어떤 과정을 필요로 하는가?

우리나라에서는 총기 소지가 불법이지만 미국에서는 합법이다. 많은 미국인들이 자신의 몸을 스스로 보호할 권리와 자유를 가져야 한다고 생각하기 때문이다. 매년 총기 발사로 죽는 사람이 수십 명에 달하고 여러 시민단체와 정치인이 총기 소지를 허가하는 법을 개정하자고 호소하지만 바뀌지 않는다. 여러 이해관계가 얽혀 있기 때문이기도 하지만 미국에는 미국만의 역사적 특수성이 있기 때문이다. 법은 모든 사회에 통용될 수 있는 보편적 옳고 그름의 가치 판단에만 의해 만들어지는 것이 아니라 그 사회가 처한 기후나 풍토, 사회구성원들이 공유하는 역사 등 나름의 존재 방식에 의해 결정된다. 미국은 영국에서 건너온 이민자들이 아메리카 대륙을 점령하면서 시작된 나라이다. 그들에게는 새로운 땅에서 생존할 수 있는 전략이 모든 법을 만드는 데 있어 우선 전제해야 할 가치였다. 우리나라의 경우는 6·25 전쟁이 지나간 폐허를 딛고 일어설 수 있는 전략에 기여하는 내용을 전제로 삼았으며, 그 전략에 기여하지 않는다면 아무리 가치 있는 것이라 하더라도 일단 보류했다.

　법의 구체적인 내용은 각 사회마다 다르다. 그러나 생성 동기와 구조에 있어서는 공통점을 갖는다. 법은 이해관계를 조절하기 위해 만들어진다. 사회구성원들은 국경선 안에 있는 모든 재화에 대해 접근 권한을 가지지만 동시에 규제를 받는다. 법은 권한과 규제에 대한 기준이자 조절인 셈이다. 토지를 비롯해 하늘, 바다까지 국가는 재화를 이용하는 기준을 만들어 구성원들에게 적용한다. 설사 개인 소유의 땅이라 하더라도 마음만 먹는다면 법은 소유권을 변경하거나 취소할 수도 있다.

　개인 소유란 국가가 법으로 인정해주는 상태에 불과하다. 이해관계가 새롭게 재편되어야 할 때, 사회문제가 법의 수정을 통해서만 해결할 수 있을 때 국가에 의해 개인의 소유권이 번복된 경우는 많다. 가령 국토 대부분을 일부 사람이 소유하고 대부분의 국민은 빌려 쓰는 입장이 된다면 누군가는 국토를 다시 재분배하자는 주장을 할 것이다. 그리고 이 주장이 범대중적인 지지를 받는다면 이를 반영한 법은 충분히 고려될 수 있다.

　물론 이 과정에서 토지를 소유한 사람들, 즉 기존의 법으로 이득을 보는 사람들은 완강히 저항할 것이다. 제시문의 표현처럼 '수천 개의 발로 밀착되어 있는 해파리'처럼 말이다. 새로운 법의 개정과 기존 법의 고수라는 갈등은 서로 '투쟁 상태'를 야기시키면서 두 주체 간의 권력 싸움으로 번질 수도 있고 적절한 타협점을 찾을 수도 있다. 갈등의 원인과 해결은 모두 이해관계이다.

　양쪽 모두가 만족할 수 있는 해결방안을 찾아야 새로운 법을 만들 수 있다. 결국 법이란 갈등과 투쟁 상태를 거친 후에 만들어진 이해관계의 조절이라 할 수 있다.

Mission 2

논술 유형을 파악하라!

1. 논술 유형의 이해

논술 공부를 하다보면 꼭 듣게 되는 말들이 있다. 논제, 논지, 논거, 관점, 분석, 비판, 통찰, 대안, 창의와 같은 말들이 대표적이다. 이들은 단순히 논술 관련 용어가 아니라 논술을 구성하는 세부 요소들이며 어떠한 주제·형식의 논술문을 작성하든 간에 빠질 수 없는 필수 요소들이다. 또한 채점할 때 각각의 평가항목에 해당하는 실제 평가요소이기도 하다.

논제 즉, 논술 문항이 1개라면 한 편의 논술문에서 이러한 구성요소를 모두 확인할 수 있고 평가 역시 1개의 논술문에서 모두 이뤄질 것이다. 따라서 별다른 논술 유형이 있을 수가 없다. 그러나 2008년도 이후 대입 논술은 최소 3개, 최대 7개까지의 문항으로 나누어서 출제되고 있다. 평가의 정확성과 경제성을 위해서이다. 조각

조각 나눠진 문항은 여러 개의 논술 구성요소 중 몇 개만을 요구하며, 이는 몇 개
의 유형을 형성하게 된다. 결론적으로 하나의 큰 몸체를 몇 개로 나누면서 발생한
것이 '논술 유형'이다.

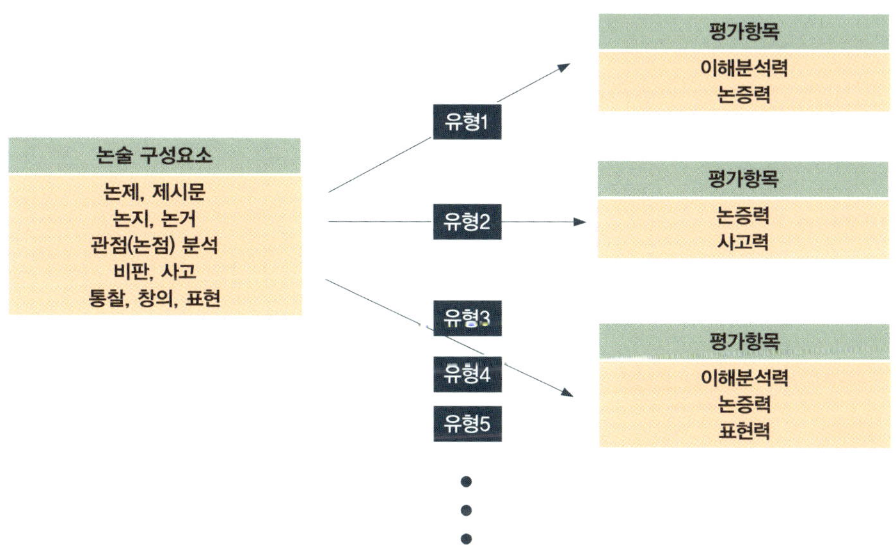

대표 유형	구성요소	평가
논의파악	논제, 제시문	-논제의 요구사항 파악 -제시문의 정확한 이해 -논제에 부합하는 논의 설정
분석논증	논제, 논지, 논거, 관점, 분석	-대상의 개념 및 세부적인 사항을 파악 -이를 활용하여 논제의 요구사항을 증명
비판논증	논제, 논지, 논거, 관점, 분석, 비판, 대안, 통찰, 창의	-대상에 관한 나의 견해의 피력 -이를 위한 적절한 논거의 제시 -내용적으로 참신한 논거의 제시

대표 유형 3가지

수험자의 전반적인 능력을 평가하는 시험 논술에서 위에서 말한 구성요소들은 어떤 형태로든 반영된다. 특히 서로 함께 붙여서 평가하기에 쉬운 것들이 있는데, 가령 1번 문항으로 나오는 요약형 논술 문제의 경우 '논제 파악'과 '제시문의 이해'를 함께 묻는다. 이런 식으로 형성된 것이 대표 유형 3가지이다.

더불어 각각의 대표 유형을 서로 묶는 방법에 따라 총 9(3×3)개의 유형이 가능해진다. 결국 현행 대입 논술은 크게 보아 9개의 유형에서 결정된다고 보아도 무리가 아니다.

대입 논술 유형의 특징

• 유형은 논술 구성요소들을 몇 개로 묶어 놓은 것이다.

• 유형은 고정적인 것이 아니라 출제자가 얼마든지 임의로 선택할 수 있다.

• 대학별로 뚜렷한 차이를 보이는 논술 유형은 없다.

→ 지원 대학의 유형만을 골라 학습하는 것은 불가능하다.

분량과 유형의 관계

논제에서 요구하는 분량이 적다는 것은 논제가 요구하는 구성요소가 적다는 것이다. 가령 요약형 논술 문제는 대부분 300~500자 내외인데 '논제, 제시문, 표현'과 관련한 사항만을 평가하기 때문이다.

분량	필요사항
300~500자	−1단락, 1~2개의 요구사항에 대한 반영 −별도의 전개 구성 필요 없으며 간결하게 서술
600~800자	−2단락, 2~3개의 요구사항 −단락들의 의미가 서로 연계되도록 전개
1,000자 이상	−4단락 이상, 미리 설계한 전개 구성에 의해 서술 −서론·본론·결론에 맞게 단락 배치

　1999년부터 지금까지 출제된 대입 논술에서 1문항 기준 최대 길이는 2,800~3,000자 정도였다. 서울대학교 수시전형 논술에서 주로 요구했는데 최근에 들어서는 서울대학교를 포함한 대부분의 대학에서 긴 분량을 요구하지 않는 추세이나, 문항에서 모든 유형을 한꺼번에 요구하는 문제도 드물다.

2. 대입 논제 유형

대입 논제 유형은 아래의 4가지로 나눌 수 있다. 지금부터 할 이야기의 중심이 될 분류이므로 주의해서 보도록 하자.

구분	대표 유형	논제 요구사항	분량
A유형	논의파악	단순 분류, 키워드, 요약	300~500자
B유형	분석논증	논리적 관계 분석, 비교대조	700~1,000자
C유형	비판논증	비판적 견해, 대안 도출	700~1,000자
D유형	장문논술	별도의 구성을 필요로 하는 논술	1,000~2,800자

*이하 내용부터는 특별한 일이 없는 한 A유형, B유형, C유형, D유형이라 지칭함.

A유형(논의파악) 논제 예시

논의 대상에 대한 요약하기, 개념 분류, 키워드 찾기 등을 요구한다.

대학	논제 예시
단국대	(가)에서 주제가 드러나는 문구를 찾고, '형'에 대한 '나의 생각'을 요약하시오.
단국대	(가)에 나타난 현실 인식을 바탕으로 (나)와 (다)에서 제기한 문제가 무엇인지 요약하시오.
성균관대	〈제시문 1〉에서 〈제시문 6〉은 각각 범죄 발생원인에 대한 견해를 담고 있다. 이 제시문들을 상반된 두 입장으로 분류하고, 그 입장들을 요약하시오.

| 인하대 | (가)를 요약하라. |
| 한국외대 | 〈제시문 A〉와 〈제시문 B〉의 공통 논제를 우리말로 제시하고, 이를 바탕으로 〈제시문 A〉와 〈제시문 B〉의 요지를 각각 서술하시오. |

B유형(분석논증) 논제 예시

대상이 갖고 있는 속성 및 의미 관계 등을 파악, 비교대조를 통한 분석이 필요하다.

대학	논제 예시
서울대	제시문에 나타난 상황들의 원인을 분석하여 설명하시오.
단국대	제시문 (가)의 내용을 바탕으로 일자리 구하기에 필요한 정보 습득이라는 관점에서 (나)와 (다)에서 제시된 방식의 유용성을 비교, 설명하시오.
경희대	제시문 (가)의 주장이 제시문 (라)의 문제를 해결하는 데 어떤 기여를 할 수 있는지 논술하시오.
아주대	가, 나, 다는 모두 용서에 대해 언급하고 있는데 어떤 경우의 용서에 대해 언급하고 있는지 가해자와 피해자의 관계를 중심으로 가, 나, 다를 비교대조하시오.
연세대	제시문을 바탕으로 제시문 (나)와 (다)를 비교 분석하시오.
이화여대	제시문 (다)와 (라)에 나타난 '관용' 개념의 유사점과 차이점을 분석하시오.

C유형(비판논증) 논제 예시

대상에 관한 자신의 견해 제시, 문제를 해결하기 위한 방법이나 대안 등을 요구한다.

대학	논제 예시
경희대	제시문 (나)와 (다)에 근거하여 제시문 (가)의 주장을 비판하시오
단국대	제시문 (가), (나), (다)의 논지 및 (자료)를 활용하여 (라)의 현상을 비판하시오.
성균관대	아래 〈보기 1〉에 대한 해석을 활용하여 (문제 1)의 어느 한 쪽의 입장을 비판하시오.
중앙대	제시문 (마)와 (바)의 논지를 통합적으로 고려하여 제시문 (가)에서 은유적으로 표현된 '호랑이의 식욕'의 문제점을 비판하고, 이에 대한 대안을 제시하시오.

D유형(장문논술) 논제 예시

최소 800자 이상의 분량을 요구하며 서론·본론·결론의 구성을 필요로 한다. A, B, C유형을 복합적으로 섞은 유형이다.

대학	논제 예시	복합유형
고려대	(1)의 내용을 바탕으로 (2)와 (3)에 나타난 '사실'에 대한 관점을 비교하고, 이에 대한 자신의 생각을 논술하시오. (900자)	BCD
성균관대	(1)의 두 입장에서 취할 수 있는 범죄예방 대책을 아래의 키워드(keyword) 중 3개 이상을 활용하여 각각 제시하고, 두 입장의 대책 중 어느 편이 더 유망할지 자신의 견해를 논술하시오. (분량 제한 없음)	BCD
서울대	플레밍과 하틀리의 과학적 발견 과정에 들어 있는 창의적인 생각을 찾아내어 근거와 함께 설명하고, 그들의 발견이 과학의 발전과 인류의 삶에 기여한 바를 기술하시오. (800자)	BCD
숙명여대	〈그림 1〉, 〈그림 2〉를 활용하여 제시문 (나)와 (다)를 비교하고, 그 결과를 바탕으로 제시문 (가)에서 노인을 보는 관점을 해석하시오. (1,000자)	BCD
숙명여대	제시문 (가)와 (다)의 입장을 비교하고, (나)에서 제시된 해석을 전제로 (가)와 (다)를 각각 평가하시오. (1,000자)	BCD
연세대	제시문 (가)와 (나)를 '낭비'의 관점에서 비교하고, 두 입장을 모두 활용하여 제시문 (다)에 나타난 정신 활동에 대한 이해방식을 비판적으로 분석하시오(1,000자)	BCD
숭실대	제시문 (가), (나), (다), (라)의 요지를 쓰고, 그 중 하나의 입장에 대해 구체적인 예를 들어 설명하시오. (800자)	AD
서울시립대	상기 주장에 대한 찬반 입장을 정한 뒤, 자신이 정한 입장의 논거들을 제시문을 활용하여 제시하고, 이에 의거하여 반대편 논거를 담은 제시문의 주된 내용을 비판하면서 자신의 입장을 옹호하시오. (분량 제한 없음)	CD
인하대	(나) 대학에서는 동일한 내용을 다룬 과목이 여러 교수님에 의해 개설되고 학생은 그 중에서 자신에게 맞는 강좌를 선택할 수 있다. 입학 후 〈다음〉과 같은 동일한 과목의 두 강좌 가운데 하나만 선택해야 한다면 자신은 어느 강좌를 선택할 것인지 〈조건〉에 맞게 논술하라. (800자)	CD

인문계 수리논술

인문계 논술에서 수리활동 문항이 1개 정도 포함되는 경우가 있다. 고려대, 한양대, 중앙대 등이 대표적인 대학인데 모두 정답 자체보다 그것을 구하는 '추리 과정'에 평가의 초점을 둔다. 그래서 올바른 답을 구했다 하더라도 그 과정이 제대로 서술되지 않을 경우 좋은 점수를 받을 수 없다. 수리를 응용할 뿐 어디까지나 논술이다.

대학	논제 예시
단국대	1. 만약 K가 참인 경우, 주어진 의사 결정 방법들 중 기대손실을 기준으로 선택 순서는 A2, A3, A4, A1이다. 그 이유를 논하시오. 2. 의사결정 방법 A3과 A4 중에서 기대손실을 기준으로 A4를 선택하는 경우 그 근거를 논하시오.
한양대	1. 수확철 배추의 시장가격이 1,500원이 될 확률을 p라 하자 수확철 배추의 기대가격을 p의 함수형태로 적으시오. 2. A의 제안을 바탕으로 수확철 배추의 시장가격이 1,000원이 될 확률을 계산하시오. 3. B가 제안한 권리의 기대가치를 P의 함수형 태로 적으시오.
성균관대	올해 A사, B사, C사의 시장점유율이 각각 30%, 50%, 20%일 때, 2년 후 C사의 시장점유율을 예측하고, 그 과정을 기술하시오.

3. A형 논제 연습

단순 요약 (평균난이도 하)

요약을 요구하는 A형 논의파악은 제시문에 대한 정확한 이해를 전제로 한다. 요약을 요구하는 것은 제시문을 정확하게 이해했는지를 평가하기 위해서이다.

요약하라 = 제시문을 독해하라

<예시 논제>

· (가)를 요약하라. (인하대)

· (가)에서 주제가 드러나는 문구를 찾고, '형'에 대한 '나의 생각'을 요약하시오. (단국대)

· <제시문 A>와 <제시문 B>의 공통 논제를 우리말로 제시하고, 이를 바탕으로 <제시문 A>와 <제시문 B>의 요지를 각각 서술하시오. (한국외대)

논제 분석

가장 쉬운 논제이다. 말 그대로 제시문을 요약하면 된다.

제시문을 독해할 때는 막연히 여러 번 읽는 것보다 다음 질문에 대한 답을 찾는 형태로, 다소 기계적으로 하는 것이 보다 정확하고 빠르다.

- ☑ 제시문의 전달 대상은 무엇인가?
- ☑ 제시문의 전달 사항은 무엇인가?
- ☑ 제시문의 각 단락 요지는 무엇인가?
- ☑ 제시문의 키워드는 무엇인가?
- ☑ 이들을 종합하여 대상을 어떻게 간략하게 설명할 수 있는가?

요약은 단순 압축이 아니다. 특히 같은 내용을 그대로 적는 것은 감점의 원인이 된다. 가장 중요한 내용만을 추려내어 이를 분명하게 드러내는 '선택과 집중'의 전략이 필요하다. 또 요약은 견해의 피력이 아니다. 자신의 주관이 들어갈 필요가 없다. 최대한 단순하고 간결하게 답안을 작성한다.

특정한 조건에 의한 요약 (평균 난이도 중)

요약을 하되 특정한 조건에서 서술하라는 요구이다. 제시문의 논의 대상이 그러한 조건을 만족하기 때문에 이러한 논제를 출제할 수 있다.

논제 분석

서술에 관한 특정한 조건이 있을 경우 이를 주의 깊게 확인하고 독해나 습작에
적용한다.

독해 방법

이때의 독해는 단순 제시문의 이해가 아니라 서술 조건을 만족시키기 위한 항목
까지 포함하여 이해해야 한다. 위 예시 논제의 첫 번째 논제를 풀 경우, 〈제시문 1〉
과 〈제시문 6〉을 각각 이해한다고만 해서 논제를 풀 수는 없다. 〈제시문 1〉과 〈제시
문 6〉이 서로 어떤 공통점과 차이점을 갖고 있는지 즉, 둘의 관계까지 이해해야만
상반된 입장으로 분류할 수 있다.

습작 시 주의사항

두 번째 논제의 '(가)에 나타난 현실 인식을 바탕으로'와 같이 특정 관점으로 서
술을 요구할 경우 상당히 주의해야 한다. 제시문 (나)가 어떤 내용이건 제시문 (가)
에 나타난 관점에서만 바라봐야하기 때문이다. 즉 관점은 대상보다 앞서고 어떤 관
점을 취하냐느에 따라 대상의 속성은 달라진다. 따라서 제시문 (가)가 취하고 있는
관점을 이해하는 것이 우선이며 이를 바탕으로 제시문 (나)를 요약해야 한다.

ex_ K-POP → 산업적 관점 : 서구 중심의 음악시장에 등장한 새로운 콘텐츠
→ 예술적 관점 : 한국인의 정서를 담아내는 대중음악

특정 관점에서 논의내상을 요약하는 논제를 풀어보자. 예시로 든 논제는 소설의 주제를 바탕으로 다른 제시문에서 논의하고 있는 대상을 요약하는 문제이다. 제시문은 3개인데 분량은 300자에 불과하다. 선택과 집중의 구성 전략을 통해 분량 이내로 간결하게 서술하는 것이 중요하다.

(가)에 나타난 현실 인식을 바탕으로 (나)와 (다)에서 제기한 문제가 무엇인지 요약하시오. (300자)

(단국대, 2013)

(가)

(앞부분 줄거리) 미술학도인 나는 혜인과 헤어진 후, 사람의 얼굴을 그리고 싶은 충동에 사로잡히지만 그렇게 하지 못하고 고심한다. 병원에서 근무하는 형은 6·25 전쟁 당시 불행한 체험으로부터 벗어나지 못하던 중, 어느 날 소녀를 대상으로 한 수술에서 실패한 뒤, 병원 일을 소홀히 하면서 소설을 쓰게 된다. 우연히 형의 소

141

설을 읽게 된 나는, 소설 속에서 6·25 때 낙오병이었던 형이 함께 낙오한 김 일병을 보호하지 못한 것을 자책하여 작품을 완성하지 못하고 있음을 알게 된다. 나는 소설에서 형이 김 일병을 보호하지 못한 것으로 내용을 완성해 놓았지만, 그것을 읽은 형은 픽션을 가미하여 김 일병을 버리고자 했던 오관모 이등 중사를 처치하는 것으로 바꾸어 놓았다. 나와 헤어진 혜인이 결혼하던 날, 형은 술을 마시고 그동안 썼던 소설을 불태우며 내게 '병신과 머저리'라고 외친다.

"이 참새가슴 같은 것, 뭘 듣고 있어. 썩 네 굴로 꺼져!"

소리를 꽥 지르는 통에 나는 방으로 쫓겨 들어오고 말았다. 비로소 몸 전체가 까지는 듯한 아픔이 전해 왔다. 그것은 아마 형의 아픔이었을 것이다. 형은 그 아픔 속에서 이를 물고 살아 왔다. 그는 그 아픔이 오는 곳을 알고 있는 것이다. 그리하여 그 아픔을 견딜 수 있었고, 그것을 견디는 힘은 오히려 형을 살아 있게 했고 자기를 주장할 수 있게 했다. 그랬던 형의 내부는 검고 무거운 것에 부딪혀 지금 산산조각이 나고 있었다. 그렇다고 해도 이제 형은 일을 시작하게 될 것이다. 형은 자기를 솔직하게 시인할 용기를 가지고, 마지막에는 관모의 출현이 착각이든 아니든, 사실로서 오는 것에 보다 순종하여, 관념을 파괴해 버릴 수 있는 힘이 있었다. 무엇보다도 형은 그 아픈 곳을 알고 있었으니까. 어쨌든 형을 지금까지 지켜 온 그 아픈 관념의 성은 무너지고 말았지만, 그만한 용기는 계속해서 형에게 메스를 휘두르게 할 것이다. 그것은 무서운 창조력일 수도 있었다.

그러나 나는 멍하니 드러누워 생각을 모으려고 애를 썼다. 나의 아픔은 어디서 온 것인가. 혜인의 말처럼 형은 6·25 전상자이지만, 아픔만이 있고 그 아픔이 오는 곳이 없는 나의 환부(患部)는 어디인가. 혜인은 아픔이 오는 곳이 없으면 아픔도 없어야 할 것처럼 말했지만, 그렇다면 지금 나는 엄살을 부리고 있다는 것인가.
(하략)

- 이청준, 「병신과 머저리」 중에서

(나)

　달리는 기차의 마룻바닥을 내려다보면 기차가 달리는지 정지해 있는지를 알 수 없고, 기차의 속도가 어느 정도 되는가도 알 수 없다. 그와 비슷하게, 우리가 자신만 들여다본다 해서 우리 자신을 정확하게 알 수는 없다. 인류가 자신을 살피게 된 것은 바깥 세계를 탐구한 것보다 훨씬 후대의 일이고, 개인의 경우를 보더라도 정신적으로 성숙해져야 자신을 어느 정도 알 수 있다. 그 까닭은 자신을 들여다보는 것만으로는 자신을 알 수 없고, 세계와의 관계 속에서만 알 수 있기 때문이다. 소크라테스가 ‘너 자신을 알라’고 한 것이 철학의 시작이 아니라 철학의 궁극적 목적이라 한 것도, 다른 모든 것을 어느 정도 알아야 자신을 알 수 있기 때문이다.
　특히, ‘나’를 발견한다는 것은 다른 것과의 관계에서 비로소 가능하다. 부버가 그의 책 『나와 너』에서 시적으로 표현한 것처럼 ‘너’ 혹은 ‘그것’이 없이는 ‘나’가 있을 수 없다. 그는 ‘나’가 가질 수 있는 기적인 관계가 둘이 있는데, 그 하나는 ‘나’와 ‘너’의 관계이고, 다른 하나는 ‘나’와 ‘그것’의 관계라 하였다.

-손봉호, 「나는 누구인가」 중에서

(다)

　일반적으로 말해서, 수명이 오래가는 가치일수록 그것이 혜택을 줄 수 있는 범위가 넓고, 또 그것 자체가 목적으로서의 성격도 강하게 띠고 있나. 예컨대, 예술과 사상은 오랜 수명을 누리는 가운데 무수한 사람들에게 큰 혜택을 나누어 줄 뿐 아니라, 그것들 자체가 본래적(本來的) 가치를 지닌 목적으로서의 성격도 강하다. 한편, 금력과 권력은 예술이나 사상에 비하여 수명이 짧으며, 큰 혜택을 나누어 줄 수 있는 범위가 좁을 뿐 아니라, 그것들은 본래의 수단으로서의 성격이 강한 것으로서, 그것들 자체를 목적으로 삼고 추구하는 것은 잘못된 가치관을 가진 일부 사람들의 경우에 지나지 않는다.

여기서 우리는 우리들의 본래의 문제로 되돌아가서, '나를 위하는 가장 올바른 길은 무엇인가?' 하는 물음을 생각해보기로 하자. 결론적으로 말해서, 한 개인을 위하여 가장 바람직한 삶은 그의 전 생애를 통해서 되도록 많은 가치가 실현되도록 행위하며 사는 것이라고 볼 수 있을 것이다. 그리고 많은 가치를 실현하는 삶을 살기 위해서는, 삶의 목표를 세움에 있어서 생명이 길고 여러 사람들에게 큰 혜택을 줄 수 있으며, 그 자체가 목적으로서의 성격이 강한 것들을 우선적으로 선택해야 할 것이다.

-김태길, 「삶의 보람」

논제 분석

- 제시문 (나), (다)의 문제를 제시문 (가)의 관점에서 살펴보기

독해하기

(가)

- 형은 그 아픔 속에서 이를 물고 살아왔다. 그는 그 아픔이 오는 곳을 알고 있는

것이다.

- 형은 자기를 솔직하게 시인할 용기를 가지고 있었다.
- 그것은 무서운 창조력일 수도 있었다.

  ➡ 자아에 대한 성찰, 자아 인식 능력 = 창조력

(나)

- 자신을 들여다보는 것만으로는 자신을 알 수 없고, 세계와의 관계 속에서만 알 수 있다.

  ➡ 올바른 자아 인식을 위해 외부 세계와의 관계 필요

(다)

- 가장 바람직한 삶은 많은 가치가 실현되도록 행위하며 사는 것이다.
- 사람들에게 큰 혜택을 줄 수 있으며, 그 자체가 목적으로서의 성격이 강한 것을 선택(=올바른 가치)하자.

  ➡ 바람직한 삶을 위한 올바른 가치관의 선택

종합하기

- 자아 성찰의 의미
- 외부 대상 필요
- 올바른 가치관을 선택

개요 작성

- (가)의 '자아 성찰'에 대한 관점 도출 및 근거 : 2·3문장

• 자아 성찰을 완벽하게 하기 위한 외부 존재의 필요성 : 1~2문장

• 이를 통한 올바른 가치관의 선택 : 1~2문장

<예시 답안>

 (가)는 자아에 대한 성찰 능력의 한 사례라 할 수 있다. 형은 자신의 아픔을 긍정하고 성찰함으로써 자기 자신에 대해 솔직해질 수 있었다. 그리고 이러한 자아 인식은 외부의 존재를 긍정하고 끌어와 자신에 대한 성찰을 더욱 완벽하게 하는 동기로 작용한다. 이는 '나'와 '너'가 함께하고, 함께 행복할 수 있는 가치의 실현이다. 자아 성찰은 올바른 가치관을 선택하고 이를 실현해나가는 데 있어서도 제1의 필요조건인 것이다.

4. B형 논제 연습

분석논증 (평균난이도 중)

분석은 대상을 이해하는 일이다. 논증은 논리적으로 증명히는 일이다. 따라서 분석논증은 대상에 관한 구체적인 이해를 바탕으로 대상의 어떤 속성이 참임을 증명하는 일이다.

    ex_ 논증 : 지구가 자전하고 있음을 증명하시오.

        대상 : 지구

        분석 : 24시간 주기로 스스로 회전하고 있다는 것이 관측되고 있다.

〈예시 논제〉

· 제시문에 나타난 상황들의 원인을 분석하여 설명하시오. (서울대)

· 제시문 (가)의 내용을 바탕으로 일자리 구하기에 필요한 정보 습득이리는 관점에서 (나)와 (다)에서 제시된 방식의 유용성을 비교 설명히시오. (딘국대)

· 제시문 (가)의 주장이 제시문 (라)의 문제를 해결하는 데 어떤 기여를 할 수 있는지 논술하시오. (겸희대)

· 제시문을 바탕오로 제시문 (니)와 (다)를 비교 분석하시오. (연세대)

논제 파악

분석논증에 해당하는 논제들은 막연히 전체적인 이해를 요구하는 것에 그치지 않는다. 대상이 포함하고 있는 의미나 가치, 혹은 다른 대상과 맺고 있는 관계 등을 추리할 것을 함께 요구한다. 원인, 비교, 포함 관계 등 대상으로부터 얻어낼 수 있는 여러 부수적이고 응용적인 활동을 함께 이해해야 한다. 다음 예처럼 논제에서 요구하는 바를 미리 단순화할 경우 독해와 습작이 간편해진다.

- ✓ 원인과 결과
- ✓ 문제와 대안
- ✓ 우등과 열등
- ✓ 주체와 객체
- ✓ 공통점과 차이점

독해 방법

단순히 단락의 요지를 찾는 것에서 벗어나 논제에서 요구하는 2차적인 이해를 구하는 작업이어야 한다. 가령, 두번째 논제는 제시문 (가)의 주장이 어떻게 제시문 (라)의 문제에 대한 해결책이 되는지를 묻고 있다. 독해는 제시문 (라)와 제시문 (가)의 관계를 '문제와 대안'의 관계로 파악하기 위한 과정에 있는 추리 작업이어야 한다.

일반적으로 분석논증은 기존의 진리를 바탕으로 새로운 진리를 밝힐 때에 많이 쓰인다. 이를 대입 논술과 같은 시험 논술에 적용하면, 주어진 제시문이 기존의 진리가 되고 논제의 요구사항은 밝혀야 하는 새로운 진리에 해당한다. 나 개인의 견해는 필요 없다. 논제 요구에 따라 제시문의 내용을 선택하고 배열하는 능력이 중요한 논술이다.

요약 + 분석논증 (평균난이도 하)

요약과 분석 논증을 한 논제에서 요구하는 유형이다. 넓게 보면 A유형으로도도 묶을 수 있다. 조건은 많지만 순수한 B유형보나 쉬운 편이다. 각 제시문의 요지를 바탕으로 논지와 논지, 논거와 논거의 비교, 인과관계 등을 묻는 수준이다.

〈예시 논제〉

· 제시문 (가)와 (나)의 내용을 요약하고 각각의 논지를 비교 논술하시오. (경희대)

· (가)와 (나)의 내용을 요약하고, (가)의 입장에서 (나)의 현상을 설명하시오. (한양대)

· 다음 제시문 (가), (나)의 공통 논제를 밝히고 그 논지를 비교 대조하라. (서강대)

· (가)의 내용을 250자 내외로 요약한 뒤, 주된 견해나 관점이 (가)와 다른 것을 (나~라) 중에서 모두 찾아 각 제시문의 논거를 요약하고 그 차이점을 밝히시오. (서울시립대)

· 아래 〈그림 1〉과 〈그림 2〉가 보여주는 현상의 특징을 서술하고, 그런 현산이 왜 발생히는지 문제 1의 제시문 중 하나에 근거해서 설명하시오. (성균관대)

A유형에서처럼 각 제시문의 내용을 정확히 파악하는 데 주력한다. 부수적으로 요구하는 비교, 원인 등은 내용을 파악하는 과정에서 자연스레 알게 되는 경우가 많다. 요약된 내용을 바탕으로 논제의 요구에 따라 간략하게 작성한다.

복수의 제시문 간에 맺고 있는 의미적 관계를 파악하는 논제를 풀어본다. 예로 든 논제는 제시문 (가)와 (나)를 문제와 해결방법의 관계로 전제하고 있다. 수험자가 해야 할 일은 그러한 전제가 왜 적절한지를 증명해주는 일이다. 불필요하게 자신의 견해를 피력하지 않도록 유의한다.

논제 전문 :

마열다의 슈퍼논술 블로그 (blog.naver.com/mayolda) - '실전논술' 참조

경희대학교 입학처 (iphak.khu.ac.kr) - '2013학년도 논술모의고사' 참조

(가)의 주장은 (라)의 문제에 대해 대안이 될 수 있는가?

➔ 문제와 대안의 관계

(가)

- 노인부양비의 증가

- 젊은 세대의 경제적 부담을 초래하고, 노인의 사회적 부양 책임 문제가 대두

- 정년을 60세에서 62세로 법제화한 포스코

- 경제활동이 왕성한 나이에 조기 퇴직한다는 것은 사회적, 경제적으로 손실

  → 노인부양에 관한 사회문제 및 이를 해결하기 위한 정년의 연장

(나)

- The graying of wealth and income may be the most important twist in the new inequality.

- Social Security and Medicare increasingly are functioning from less affluent young people to much wealthier older people.

- The older generation has not set aside enough money to cover promised government benefits.

- Young people will have to make up the difference.

- This hidden debt will make it a challenge for young people.

  → 새로운 사회불평등 원인이 된 고령화 사회 및 이에 대한 젊은 세대의 부담

종합하기

- 고령화 사회의 여러 사회적 문제 제시

- 문제가 발생한 원인 분석 및 해결방안 제시

습작 시 주의사항

- (가)와 (라) 모두 고령화 사회를 대상으로 한다는 점에서 같은 범주에 있는 노

의 대상이다.

- 이를 논제의 요구 조건인 '문제와 대안'의 관계에 대입한다.

- 왜 대안이 될 수 있는지를 분석적으로 증명해야 한다.

- Social Security and Medicare from less affluent young people to much wealthier older people …….

  + 경제활동이 왕성한 나이에 조기 퇴직한다는 것은 사회적, 경제적으로 손실

  = 정년 연장을 통해 연금 및 의료보험에 대한 젊은 층의 부담 완화, 사회적 불평등 해결

- (라)에서 제기하는 문제부터 언급하는 것이 좋다.

- (가)의 주장을 간단히 언급하면서 (가)가 (라)의 대안이 될 수 있는지를 증명한다.

- (라)의 현상 및 원인 : 2~3문장

  -새로운 사회 불평등을 초래하는 고령화 사회

  -젊은 층의 과도한 부담

- (가)의 주장 요지 : 2~3문장

  -노인부양에 관한 사회적 부담을 정년 연장으로 돌파

- (가)가 (라)의 대안이 될 수 있는 근거 및 의의 : 2~3문장

  -젊은 층의 부담 경감, 사회 불평등 해결

〈예시 답안〉

　제시문 (라)는 고령화 사회가 새로운 불평등의 문제를 가져올 수 있음을 보여주고 있다. 사회보장연금과 의료보험은 국가가 약속하는 사회보장제도이지

만 현재 그 재원이 충분하지 않기 때문에 젊은 층에서 부족한 액수를 채워야 한다. 즉 자기보다 부자인 노년층을 위해 가난한 젊은 층이 희생해야 하는 불공정한 현상이 발생하는 것이다. 이와 관련하여 제시문 (가)의 논의는 정년을 연장함으로써 고령화 사회에 따른 사회의 부담을 완화시키는 것이다. 제시문의 지적처럼 자연 수명의 연장은 기존의 정년 근거를 희석시켜버린다. 정년은 좀 더 뒤로 늦춰질 수 있고 그만큼 사회보장제도의 재원은 고령층이 스스로 부담할 수 있게 된다. 가난한 젊은 층이 부자 노인층을 위해 희생하는 세대 간 부의 격차를 줄일 수 있는 것이다. 이는 곧 사회 불평등의 해결로 이어질 수 있다.

5. C형 논제 연습

비판논증 (평균난이도 상)

우리가 흔히 논술이라 했을 때 가장 많이 떠올리는 게 비판적인 글이다. 비판은 저자가 갖고 있는 견해의 피력이며 이를 위해 앞서 살펴봤던 논의 파악이나 분석논증을 필요로 한다. 즉 저자의 사고와 지식이 직접적으로 드러나는 종합적인 서술이라 할 수 있다. 만약 분석논증과 비판논증 중 하나만을 선택해야 한다면 모든 출제자는 비판논증을 택할 것이다. '비판=논술'이라고 봐도 무방할 정도로 논술을 대표하는 유형이다.

- 옳고 그름을 가릴 필요가 없는 문제는 비판의 대상이 될 수 없다.

    ex_ 지구는 자전한다.

    _ 독도는 한국 영토이다.

    _ 나는 우리 엄마의 아들이다.

- 옳고 그름을 가릴 필요가 있는 문제, 그럴 수도 있고 아닐 수도 있는 문제는 비

판의 대상이 될 수 있다.

> ex_ 너는 루저다.
>
> _ 한국인은 성급하다.
>
> _ 맥도날드 햄버거가 제일 맛있다.

- 어떤 의견이든 주장할 수 있다. 중요한 것은 의견의 가능성을 높이기 위해 적절한 논거를 가져오는 것이다.

> ex_ 논제 : 한국인은 성급한가?
>
> 논지 : 그렇다.
>
> 논거 : 빨리 먹는다, 유행이 빠르다.

- 대안 제시도 나의 견해이다. 가장 효율적인 태도, 방법 등에 관한 옳고 그름을 가린다.

> ex_ 남북 분단의 해결방안은 무엇인가?
>
> _ 데이트를 할 때 어떤 태도로 임해야 하는가?
>
> _ 제주도로 놀러가기에 가장 좋은 교통수단은 무엇인가?

- 비판과 분석의 구분. 분석은 대상에 관한 이해 자체가 목적이지만 비판은 이를 활용하여 나의 견해를 전개하는 데 목적을 둔다.

ex_ 분석 : 우리는 인간이다.

　　　비판 : 우리는 인간이기에 타인의 불행을 동정해야 한다.

관점의 설정

　비판을 하기 위한 관점이 필요한 경우도 있다. 특정 관점에 근거해야 대상에 관한 일관된 비판이 가능하기 때문이다. 대부분의 논제에서 '……에 입각하여', '……에 근거하여', '……을 고려하여', '……을 활용하여' 등으로 직접적으로 표현된다. 관점은 여러 가지가 있을 수 있다. 중요한 것은 관점의 성질이 아니라 특정 관점을 일관되게 전개하는 것이다. 관점 일탈은 큰 감점 요소이다.

ex_ K-POP에 관한 미래적 관점

· 세계 최고의 음악이 될 것이다. (○)

· 곧 인기가 시들 것이다. (○)

· 아시아에서만 인기 있을 것이다. (○)

· K-POP은 한국인의 정서를 담고 있다. (×)

〈예시 논제〉

· 제시문 (마)의 관점에 입각해서 제시문 (가)와 (나)의 한계를 비판하시오. (경희대)

· 제시문 (가), (나), (다)의 논지 및 (자료)를 활용하여 (라)의 현상을 비판하시오. (단국대)

· 아래 〈보기 1〉에 대한 해석을 활용하여 문제 1의 어느 한 쪽의 입장을 비판하시오. (성균관대)

· 제시문 (마)와 (바)의 논지를 통합적으로 고려하여 제시문 (가)에서 은유적으로 표현된 '호랑이의 식욕'의 문제점을 비판하고, 이에 대한 대안을 제시하시오. (중앙대)

논제 파악

비판은 자기 견해가 중심이 되지만 시험에서 치러지는 논술은 자유로운 견해를 차단하는 경우가 많다. 위의 모든 논제들은 미리 관점을 지정해 놓고 있다. 따라서 해당 관점에 부합하는 몇 개의 의견 중 하나만이 나의 견해가 될 수 있다. 제약이 아닌 가이드로 바라봐야 한다.

독해 방법

대부분 2개 이상의 제시문을 제시하기 때문에 관점은 제시문 (가)에서 찾고 그러한 관점의 대입은 제시문 (나)에 하는 식으로 통합적인 독해가 이뤄진다. 우선 각각의 제시문에 관한 정확한 이해가 '첫 단추'가 될 것이며 이들을 논제의 요구에 따라 적용하여 이해하는 것이 궁극의 독해가 된다.

습작 시 주의사항

논제의 요구사항을 초월해서는 안 된다. 비판논증에서 다루는 대부분의 주제들은 자신의 주관이나 견해가 개입될 수 있는 여지가 많은 내용들이다. 그러나 논제는 분명하게 '제시문 (가)의 입장에서'라는 단서를 달고 있다. 자신의 견해를 마구잡이로 전개한다면 '관점 일탈'이라는 큰 실수로 이어질 수 있으니 계속 주의해야 한다.

분석 + 비판논증 (평균난이도 중)

별도의 분석을 비중 있게 요구하는 논제이다. 비판을 위한 방법으로써 분석이 활용되는 것은 변함이 없지만 이 논제의 경우 분석 자체에도 적정 분량의 서술을 요구한다. 이때에 비판은 순수한 비판논증에 비해 좀 더 가볍고 쉬운 편이다. 대상에 대한 이해와 나의 의견을 묻는 정도이다.

〈예시 논제〉

· (마)의 〈그림 1〉은 지난 10년간 여성의 연령별 경제활동참가 변화를 보여주고 있다. 지난 10년간의 변화 양상과 그 원인을 150자 내외로 기술하고, (마)의 〈표 1〉~〈표 3〉을 활용하여 기혼여성의 경제활동 참여를 증진시키기 위한 방안을 250자 내외로 제시하시오. (서울시립대)

· (라)에서 지수와 데이브가 마음의 상처를 입은 원인이 무엇인지를 서술하고 (가), (나), (다) 중에서 하나를 골라, 어떻게 용서하는 과정을 밟는 것이 적합한 자신의 견해를 서술하시오. (아주대)

· (가)와 (나)의 정체성에 대한 관점을 비교하고, 이를 바탕으로 (라)에 그려진 '나'의 행동에 대한 자신의 견해를 논술하시오. (건국대)

습작 시 주의사항

앞에서는 분석, 뒤에서는 비판하는 구조의 논술이다. 분석이 가장 중요하다. 대상에 관한 정확한 이해가 전제되었을 경우 그다지 어렵지 않은 범위에서 가능한 비판들이 대부분이기 때문이다. 논제의 요구에 맞게 대상을 파악하고 이에 관한 자신의 견해나 방안 등을 담백하고 간결하게 서술한다. 논제에서 딱히 관점에 대한 언급이 없을 경우 구태여 관점을 설정할 필요는 없다. 하지만 설정한다면 일관성을 지키는 것에 유의한다.

논제 분석

- 비판과 대안 모두 요구

- (마), (바)의 관점에서 전체적인 시술 진개

- (가)의 비유가 환기시키는 문제점과 이의 해결

- 시 해석을 통한 문제점 도출 중요

- (가) 비유가 가리키는 원관념의 문제점 파악

- 문제에 대한 관점 비판 및 이를 해결할 수 있는 대안 도출 요구

- 비판과 대안에 계속 일관된 관점 유지

(가)

- 하얗게 질린 도로는 붉게 흐르는 죽음으로 가득 찬다.

- 질주하는 속도의 궤적을 따라 호랑이의 식욕이 날카롭게 빛난다.

- 텅 빈 도사림 앞에서.

  → 속도의 무자비함, 도시 문명의 황폐함

  → 소수의 강자를 위한 현대 문명

(마)

- 자동차의 속력이 증가하게 되면 자동차의 움직임을 방해하는 공기의 저항력도 커진다.

- 경제속도인 80km/h로 달릴 때보다 120km/h로 달릴 때 공기 저항력이 2배 정도 증가하므로 연료 소비량이 그만큼 증가하는 것이다.

- 그렇다고 경제속도보다 느린 속도로 달린다고 연료 소비량이 크게 감소하는 것은 아니다.

  → 적정한 속도 유지가 가장 경제적이다.

(바)

- 분주한 자들은 너무나 짧아 잡을 수 없는 현재의 시간에만 매달린다.

- 그는 오래 산 것이 아니라 오래 생존한 것이다.

- 그대는 시간의 재빠름에 나만의 속도로 맞서야 한다.

  → 진정한 삶은 자기만의 속도에 의해 주체적으로 맞서는 것

- 관점 및 문제 정리

  -속도에 집착함으로써 황폐한 삶의 환경 초래

  -소수의 강자만을 위한 현대문명의 발전 원리

- 대안

  -문명 발전에 방향성이 필요하다.

  -단순 속도 증가만 좇지 말고 누구를 위한 발전인지 먼저 따질 필요가 있다.

  -문명 발전은 인간 모두의 행복을 위한 방법과 과정이 되어야 한다.

  - 발전 속도 역시 인간 모두의 행복을 꾀하는 속도여야 한다.

- 관점 정리 및 문제 도출

  -지나친 속도가 초래하는 비경제성

  -속도에 대한 주체성의 결여

  -호랑이의 식욕으로 대변되는 빠른 현대문명의 비효율적, 비인간적, 비공유적

  　문제

- 문제 극복을 위한 대안

  -맹목적인 현대문명의 발전에 방향성 설정 필요

  -문명 본래의 목적인, 모두의 행복을 실현시키기 위한 방법으로써 속도 조절

〈예시 답안〉--●

　　인간이 자동차를 만든 이유는 보다 빠른 공간 이동을 위해서이나. 넓게 보

았을 때 보다 효율적이고 경제적인 가치를 실현시키기 위한 수단인 것이다. 그

런데 제시문 (마)의 지적처럼 지나친 속도의 증가는 오히려 궁극의 목적을 위배하는 비효율적 비경제적 결과를 초래한다. 또 (바)의 기준에서 볼 경우 무조건적인 속도에 대한 집착은 올바른 삶을 영위하는 것이 아니라 단지 '폭풍에 이리저리 밀려다니는' 생존에 지나지 않는다. '삶의 의미'를 채우는 진정한 삶이 되기 위해서는 자신만의 속도를 통해 시간의 재빠름에 주체적으로 맞서야 하는 것이다. 이런 의미에서 (가)의 질주는 도로 위에 서 있는 고라니를 죽음의 공포에 떨게 하는 현대 문명의 비효율적이고 비인간적이며 비공유적인 문제점이다. 즉 현대 문명의 광포한 속도는 대부분의 인간들에게 물질적 이로움이나 참다운 삶을 가져다주지 못하며 단지 호랑이와 같은 소수의 강자만을 위한 속도이다.

인간을 이롭게 하는 방법과 과정의 총체가 문명이라면 지금 현대 문명은 본래의 목적에서 한참 벗어나 있다. 따라서 우리는 강자의 속도를 좇을 게 아니라 문명이 본래의 목적에 충실하도록 방향성을 수정해야 한다. 모두가 이로울 수 있는 가장 경제적인 속도를 설정하는 것이다. 이러한 설정은 사회적 합의라 볼 수 있으며 소수의 빠른 발전을 위해 나머지, 그러나 대부분의 사회구성원이 죽음의 공포를 경험해야 하는 사회의 부조리를 극복하는 일이기도 하다.

6. D형 논제 연습

장문논술 (평균난이도 상)

　분량이 긴 데는 이유가 있다. 길게 서술해야 하는 대상이거나 논제에서 여러 가지 조건을 요구하기 때문이다. 즉 단순히 글의 분량이 많아지는 것이 아니라 그만큼 포함해야 할 내용이 많아진다는 것이다. 더불어 많은 내용들을 어떻게 배치하고 각각의 사항들을 어떻게 조합할 것인지에 관한 구성의 문제가 대두된다. 논제 유형만 놓고 봤을 때는 앞에서 살펴봤던 A, B, C유형과 아무런 차이가 없다. 형식적으로 완전한 논술문의 형태에 부합하는 것이 무엇보다 중요하다.

D유형 = 완전한 논술문의 형식 + ABC유형

　가령 어떤 논제에서 요약(A)과 분석(B)을 바탕으로 견해(C)를 제시하라고 할 경우 실제 글은 요약-분석-견해로 차례대로 구성되지 않는다. 분량 역시 각각 1/3씩 구성되지 않고 내용의 경중에 따라 비중 있게 다뤄지며, 경우에 따라 간단한 언급 정도에서 그치는 경우도 있다. 따라서 D유형은 내용적으로 ABC유형을 모두 해결한 후 이를 어떻게 형식적으로 구현할지에 관한 고민이 추가된다고 할 수 있다.

서론·본론·결론의 적용

장거리를 이동할 때에 계획이 필요하듯이 장문논술에서도 서론·본론·결론을 적용한 계획, 즉 개요가 미리 정해져야 한다. 개요에는 다음과 같은 내용이 반영되어야 한다.

✓ 여러 요구 조건들을 어떻게 배치할 것인지, 구성에 관한 고려

✓ 어떻게 시작하고 어떻게 끝맺을지, 전개에 관한 고려

✓ 각 내용들을 얼마만큼 비중 있게 다룰지, 분량에 관한 고려

형식개요와 내용개요의 분리

개요는 형식개요와 내용개요의 2단계로 구분하여 작성한다. 먼저 형식개요를 작성하되 논제 요구에 따른 전개 방식만 결정하고 내용은 배제한다. 다음으로 이에 해당하는 내용을 채워넣는다. 이렇게 할 경우 개요를 다 작성한 후, 혹은 습작 도중 부적절한 내용이 들어 있다고 판단되었을 때 그 부분만을 수정할 수 있어 전체 구성을 흔드는 위험을 피해갈 수 있다.

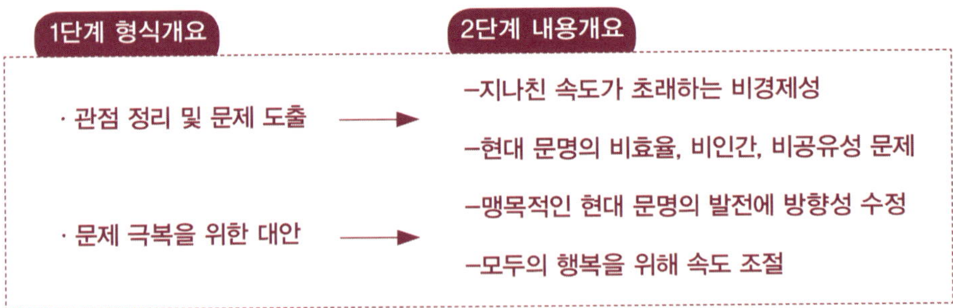

−C형 대표문제(159쪽)의 경우

- 800~1,000자

  -전체 2~4개 단락

  -서론·결론 단락 없어도 좋다.(전체 2개 단락 적당)

  -본론 1에서 앞의 한두 문장이 서론으로서의 역할을 한다.

  -본론 2에서 마지막 한두 문장이 결론으로서의 역할을 한다.

  -별도의 서론·결론 단락을 둘 경우 최대한 짧게 쓴다.

- 1,000~1,500자

  -전체 4~5개 단락, 본론 2~3개 단락

  -서론은 전체 분량의 1/5 정도로 한다.

  -본론은 전체 분량의 3/5 정도. 본론 1, 본론 2로 나눠도 좋다.

  -결론은 전체 분량의 1/5 정도.

- 1,500~2,800자

  -전체 5~7개 단락

  -전체 분량이 많아져도 서론과 결론의 분량은 최대 200자가 넘지 않도록 한다.

  -본론은 3~5개 정도가 적당하다.

  -본론 단락이 많아질 때에는 앞뒤 단락의 구분이 의미적인 기준으로 나뉘질

   수 있도록 유의한다.

습작 시 주의사항

· 논제 파악이나 독해 방법은 모두 앞서 살펴봤던 A, B, C 유형과 같다.

· 분량이 길면 습작 도중 불필요한 내용의 언급이나 관점 일탈, 논리적 비약 등이 발생할 확률이 높아진다. 분량이 적은 논술인 경우 지우고 다시 쓰면 된다. 그러나 800자부터는 글의 몸체가 커지기 때문에 하나를 수정할 경우 다른 나머지들과 내용 측면에서 맞지 않게 된다. 따라서 반드시 사전에 개요를 작성해야 하며, 쓰는 도중 오류를 발견하였을 경우에도 먼저 개요를 수정하여 전체적인 흐름에 방해가 되지 않도록 유의한다.

　　분석과 비판, 그러면서도 완전한 논술문의 형태를 취해야 하는 장문논술을 풀어보자. 예로 든 논제는 복수의 관점을 서로 비교하고 그중에 하나를 골라 자신의 의견을 제시하는 문제이다. 그런데 비교 기준을 수험자의 자유에 맡기지 않고 3개의 이론에 바탕할 것을 주문하면서 별도의 제시문을 제시하고 있다. 다소 논의 전개가 복잡해질 수 있다. 따라서 습작 전에 충분한 논의 파악과 개념 정리, 세밀한 개요 작성이 이뤄져야만 한다.

논제 전문 :

마열다 슈퍼논술 블로그 (blog.naver.com/mayolda) '실전논술' 참조

고려대학교 입학처 (oku.korea.ac.kr/admissions) – '2013학년도 모의논술고사' 참조

논제 분석

- 제시문 (1)이 기준 관점
- 이 관점에 바탕하여 (2), (3)의 관점들을 비교
- 비교 분석을 통해 자신의 견해 피력

독해하기

(1)

- 랑케(Leopold von Ranke)

　－사료 비판에 근거한 객관적 서술을 지향함.

-역사가는 그것이 기록된 문서를 객관적으로 분석함으로써 당시의 상황을 복
  원할 수 있음.

➜ 사실의 객관성 중시

- 콜링우드(Robin Collingwood)

  -역사적 사실은 순수한 형태로 존재할 수도 없기에 원래대로 복원 불가능하다.

  -과거는 역사가에 의해 구성되고 그 의미 또한 역사가에 의해 부여됨.

  -역사가는 과거에 대해 매개적이고, 추정적이며, 간접적인 인식 이상을 가질 수
  없다.

➜ 역사는 현재의 관점에서 재구성, 해석되는 사실이다 = 주관적 사실 중시

- 카(E. H. Carr)

  -과거 사실을 기계적으로 편집하거나, 현재 목적을 위해 주관적으로 왜곡하는
  오류를 피해야 한다.

  -역사가는 과거에 무게 중심을 두는 역사관과 현재에 두는 역사관 사이에서
  항해를 하는 것이다.

  -역사란 역사가와 사실의 연속적인 상호작용이고, 현재와 과거의 끊임 없는 대
  화이다.

➜ 사실과 해석의 끊임 없는 상호작용.

(2)
- 문학은 상상력을 통해 재구성하고 재창조한다.
- 문학의 허구 속에는 사실 이상의 진실이 담겨 있다.

- 공감대를 형성함으로써 문학은 소통의 방법으로 기능한다.
- 문학이 전개하는 자유로운 상상을 통해 삶의 의미와 가치를 발견하고 세상의 아름다움과 대면한다.

→ 진실된 허구에 의한 문학의 기능

(3)

- 언론 보도의 객관성은 언론 윤리의 중심 문제이다.
- 한 사회의 실재에 대한 적절한 이해를 위해서는 그것이 구성되는 방식에 대한 이해부터 해야 한다.
- 객관성은 지배적인 집단이 사회체계를 구조화할 때 생겨난다.
- '해석공동체'를 고려하지 않고 객관성의 개념만을 상소할 경우 지나치게 일반화하거나 과장할 위험이 있다.

→ 객관성을 결정 짓는 사회구조에 대한 고려가 필요하다.

종합하기

- 객관적 사실 중시 / 주관적 사실 중시 / 사실과 해석의 끊임없는 상호작용
- 진실된 허구에 의한 문학의 기능
- 객관성을 결정짓는 사회 구조 고려 필요

습작 시 주의사항

- 제시문 (1)의 세 가지 이론의 요지를 최대한 간단히 정리한다.
- 제시문 (2), (3)을 세 가지 이론에 대입하여 분석하기. 각 이론의 차이점이 자연스럽게 비교된다

- 문학은 랑케를 제외한 콜링우드나 카의 이론과 연관시켜 보는 것이 적당하다.

- 신문 보도는 세 가지 이론 모두를 통해 설명될 수 있다.

  - 이들을 바탕으로 '사실이란 무엇이고 어떻게 다뤄야 하는가'에 관한 의견 제시.

→ 세 이론 중 한 가지를 중점적으로 지지하거나, 각각의 시비를 따지거나, 객관
   과 주관의 문제로 분류하는 등 여러 의견이 가능하다.

개요 작성

- 형식개요 1 (서론·본론·결론이 모두 있는 유형)

  -서론 : 세 가지 이론을 정리 (1/5)

  -본론 1, 2 : 제시문 (2)와 (3)의 비교 분석 (3/5)

  -결론 : 견해 제시 (1/5)

- 형식개요 2 (본론만 있는 유형)

  -본론 1 : 세 가지 이론 정리 + 제시문 (2) 분석 (1/2)

  -본론 2 : 제시문 (3) 분석 + 견해 제시 (1/2)

- 내용개요 (형식개요 1을 바탕으로)

  -서론 : 역사에서 사실에 관한 관점 차이를 기준으로 세 가지 이론을 정리한다.

  -본론 1 : 제시문 (2)의 분석 → 상상은 사실의 재구성이자 해석 작업이다. (콜링
                                  우드)

                          → 문학은 사실과 상상의 상호작용이며 사실과 독
                             자의 만남이다. (카)

  -본론 2 : 제시문 (3)의 분석 → 언론은 객관적 서술을 우선 목표로 한다. (랑케)

→ 현 사회 구조의 특성에 따라 사실의 객관성도 달라진다. (콜링우드)

-결론 : 견해 제시 → 다양한 주관에 의한 합의적 객관이 중요하다. (카)

〈예시 답안〉

모든 역사는 현재에 존재하지 않는 과거의 것을 대상으로 한다. 그래서 랑케처럼 최대한 실재성을 원함으로써 사료의 객관성에 의의를 둘 수 있고 콜링우드처럼 그것이 현재에 어떤 유의미한 가치를 갖고 있는지를 따지는 해석과 재구성의 일이 될 수 있다. 또한 카처럼 사실에 대해 끊임없이 질문하고 답을 구하는 과정 자체에 의의를 두는, 사실과 해석의 상호작용으로도 볼 수 있다.

문학에서 사실을 다루는 관점은 콜링우드나 카의 견해로 설명할 수 있다. 문학적 상상력은 분명한 허구이지만 현실에서 충분히 있을 수 있는, 혹은 현실 세계에 살아가는 사람들에게 의미를 줄 수 있는 허구여야 한다. 즉 작가의 상상력에 의해 만들어진 사실 같은 허구는 역사가에 의해 재구성되는 과거의 사실과 같다. 여기에서 중요한 것은 사실의 의미이다. 상상을 매개로 하여 사실의 의미를 파악한다는 점에서 사실과 허구는 상호작용의 관계를 형성한다. 나아가 문학 작품에 담긴 사실은 독자에 의해 거듭 다양하게 해석될 수 있는 가능성을 열어 놓는다.

랑케가 객관적 사료를 중요하게 생각한 것처럼 언론 역시 우선은 객관적 사실의 채집에 집중하게 된다. 그러나 객관적 사실의 채집과 객관적 기술은 구분되어야 한다. 객관적 기술에는 한 사회의 우위를 차지하는 특정 가치가 관여될 수밖에 없고, 그 가치는 그동안 지배 집단이 쌓아올린 전반적인 사회체계화 과정에서 유래한다. 즉 현 사회의 지배구조에 따라 객관성의 기준도 달라질 수 있는 것이다. 언론보도 역시 현재의 해석에 의한 과거의 재구성인 셈이다.

이상의 논의에 비춰봤을 때, 사실을 객관과 주관 중 무엇에 더 비중을 두어 바라볼지에 관한 고민은 무의미해진다. 문학이 가져다주는 공감대처럼 삶의 의미와 세상의 아름다움을 일깨울 수 있는지가 관점을 결정짓는 기준이 되어야 한다. 그러기 위해선 역시 문학이 갖고 있는 소통의 기능, 그리고 카가 주장하는 상호작용과 대화에 의한 합의적 과정에 주목할 필요가 있다.

7. 개요 작성 시 체크 사항

　개요를 작성한 후 반드시 체크해야 하는 사항들을 대학 채점 기준에 맞춰 정리했다. 개요가 뒤틀리면 전체 논술문이 뒤틀리게 되므로 아래의 사항들에 유의하며 개요를 작성하자.

내용을 탄탄하게 잡는 법

논제 부합

- 논제와 일치하는 주제인가?
- 논제의 요구사항에 따른 구성인가?

논리 전개 및 구성(논증력) 확인

- 분명한 논지인가?
- 논지를 뒷받침하는 논거가 충분한 설득력을 확보하는가?
- 자연스럽고 논리적인 전개 과정을 밟고 있는가?

- 서론·본론·결론에 부합하는 단락 구성인가?

- 근본적인 부분까지 건드리는 사고의 깊이가 보이는가?

- 상식이나 통념을 회의하는 사고의 참신함이 있는가?

- 대상에 관한 다양한 이해, 넓은 통찰이 있는가?

- 표현은 명확하고 간결한가?

- 접속어, 표기 방법 등이 올바른가?

시간을 적정하게 분배하는 법(100분 기준)

- 긴 제시문의 경우 단락별 요지를 파악한 다음 종합한다.

- 다른 제시문과의 연관성, 논제 요구 사항과 관련하여 파악한다.

- 서사 문학의 경우 인물의 대화, 핵심 사건을 통해 유추한다.

- 운문 문학의 경우 화자의 상황, 시어를 통해 유추한다.

개요작성 - 20분

- 좌측 : 형식개요
- 우측 : 내용개요

개요 검수 및 수정 - 10분

쓰기 - 30~40분

- 쓰는 과정에서 내가 쓰고 있는 글이 개요와 일치하는지 주의한다.
- 만약 개요가 잘못되었을 경우 즉각 수정하되 전체적인 구성에 큰 영향이 없도록 유의한다.

퇴고 - 10~20분

- 서두 첫 문장과 끝 문장을 확인한다.
- 핵심 논지 문장을 확인한다.
- 접속어, 종결어미, 맞춤법, 띄어쓰기 등을 수정한다.

Mission 3

실전! 모의고사

<table>
<tr><td rowspan="2"><h1>대입 논술 모의고사 A형</h1></td><td>제한시간</td><td>30분</td></tr>
<tr><td>이름</td><td></td></tr>
</table>

논제 : 제시문을 주장과 근거 중심으로 요약하시오. (400~600자 이내)

제시문 ────────────────────────────────

계몽이란 인간이 의타적 상태로부터 벗어나는 것이다. 의타적 상태에 처한 인간은 남이 이끌어 주지 않으면 자신의 지성을 사용하지 못한다. 그러한 상태는 그가 스스로 초래한 것이다. 의타적 상태는 지성의 결핍이 아니라 남의 도움 없이 지성을 사용하려는 결단과 용기의 결핍에서 비롯한다. "과감히 알려고 하라!" "지성을 사용할 용기를 가져라!"가 바로 계몽의 구호이다.

대부분의 사람들은 일생토록 의타적인 상태에 머물고 다른 사람이 그들의 후견인 노릇을 한다. 그러한 상태는 나태와 비겁에서 기인한다. 의타적 상태에 머무는 것은 매우 편안하다. 책이 내 대신 지적인 활동을 하고, 성직자가 내 양심을 지키고, 의사가 내 건강을 위해 식단을 짜준다면, 나는 굳이 수고할 필요가 없다. 돈만 낼 수 있다면 나는 생각하지 않아도 된다. 다른 사람들이 나를 위해 번거로운 일들을 기꺼이 떠맡을 것이다. 후견인들은 감독자 역을 자청한다. 후견인들은 우선 피보호인을 입 다물게 한 후 잠자코 있는 그 피보호인에게 그가 보행기 없이는 한 걸음도 감히 떼어 놓을 수 없다고 분명하게 주지시킨다. 그러고 나서 후견인들은 피보호인이 혼자 걸으려고 시도할 때 당면하게 될 위험들을 알려준다. 실패의 사례들이 제시되면 피보호인은 겁을 먹어서 더 이상의 시도를 하지 않게 된다.

개인이 의타적인 상태에서 벗어나는 것은 매우 어렵다. 그는 자신에게 거의 천성이 되어버린 의타적인 상태를 선호하게 되어 당장은 그의 지성을 정말로 사용하지 못한다. 그 동안 아무도 그에게 지성을 사용하도록 하지 않았던 것이다. 법령과 규칙들, 개인의 타고난 재능을 합리적으로 사용하거나 잘못 사용하는 저 기계적 작용들은 의타적 상태를 영속화시키는 족쇄들이다. 누군가 그 족쇄들을 벗어던진다 하더라도 그는 단지 좁은 도랑을 겨우 건넌 데 불과하다. 그는 아직 그런 유의 움직임에 익숙하지 않다. 무능력에서 벗어나 꾸준히 전진할 수 있도록 자신의 마음을 단련하는 데 성공하는 사람은 매우 드물다.

자유 이외에 계몽을 위해 필요한 것은 없다. 자유라는 이름으로 부를 수 있는 그 모든 것들 중에서 이성을 공적으로 사용하는 자유가 가장 중요하다. 그러나 사방에서 따지지 말라는 소리가 들린다. 장교는 따지지 말고 그저 훈련하라고, 세무원은 따지지 말고 그저 세금을 내라고, 성직자는 따지지 말고 그저 믿으라고 말한다. 도처에서 자유는 제한된다. 그렇다면 어떠한 제한이 계몽을 방해하고 어떠한 제한이 계몽을 촉진하는가? 나는 이성의 공적인 사용은 언제나 자유로워야 하며 그것만이 인간들에게 계몽을 가져온다고 대답하고자 한다.

누군가 "우리는 지금 계몽된 시대에 살고 있는가?"라고 질문한다면 아니라고 대답해야 한다. 우리는 지금 계몽 중인 시대에 살고 있다. 사람들이 여러 면에서 외부의 도움 없이 자신들의 이성을 확고하고 자유롭게 사용할 수 있도록 하는 여건이 현재로서는 갖추어지지 않았다. 그러나 사람들이 자유롭게 활동할 수 있는 장이 열리고 있다는 명백한 조짐들을 우리는 본다. 계몽을 가로막고 의타적인 상태로부터의 해방을 가로막는 장애들이 조금씩 제거되고 있다. 이 시대는 계몽 중인 시대이다.

-칸트, 『계몽이란 무엇인가』 중에서

서보기

<table>
<tr><td rowspan="2"># 대입 논술 모의고사 B형</td><td>제한시간</td><td>30분</td></tr>
<tr><td>이름</td><td></td></tr>
</table>

논제 : 제시문 (가)의 사회와 제시문 (나)의 사회가 갖는 차이점을 밝히고 아울러 이러한 차이점이 어떻게 제시문 가에서 제기되는 여러 문제들의 원인이 될 수 있는지를 밝히시오. (600자 내외)

제시문 --●

(가)

열역학 제1법칙은 우주에 존재하는 모든 에너지의 총량이 변함없이 일정하다는 의미이다. 새로 만들어져 총량이 증가할 수도 없고 소비해서 감소할 수도 없다. 일정한 양적 범위 내에서 형태와 속성만이 변할 수 있다. 그래서 에너지 보존 법칙이라 불리기도 한다. 이러한 제1법칙과 연계된 열역학 제2법칙은 모든 에너지는 사용 가능한 상태에서 불가능한 상태로의 이동한다는 것이다. 에너지라는 개념을 확대해서 제2법칙을 풀이하면 모든 물질은 질서에서 무질서로, 체계적인 것에서 비체계적인 것으로, 가치 있는 것에서 무가치한 것으로 이동한다. 일단 이 방향으로의 이동이 이뤄질 경우 되돌릴 수가 없다. 이동이 완결되어 더 이상 쓸모없는 무가치한 에너지인 상태, 이를 가리켜 '엔트로피의 증가'라 한다. 우주는 새로 사용 가능한 에너지가 공급되지 않으면서 엔트로피의 증가만이 꾸준히 이어지는 것이다.

『엔트로피』의 저자 제레미 리프킨은 이러한 열역학 제2법칙, 일명 엔트로피 법칙을 통해 우리가 진리처럼 여기고 있는, 아무 근거 없이 통념화된 '진화' 개념의 잘못을 지적한다. 우리는 대개 역사는 진보하는 것으로, 내일은 오늘보다 나을 것으로 생각하는 경향이 있다. 특히 현대의 기술문명은 거듭 진보한 것들을 쏟아내기 때문에 이러한 과학기술의 발전이 역사 발전을 이루는 데 큰 기여를 할 것으로 여긴다.

그러나 엔트로피 법칙대로라면 역사는 정비례 그래프를 그리지 못하고 어느 지점에서 꺾이고 다시 하강하는 타원을 그리게 된다. 처음에는 사용 가능한 에너지가 많아서 화려한 문명의 꽃을 피우다가도 어느 순간 에너지가 줄어들면 역사는 퇴보하고 결국 사그라지는 것이다. 그럼에도 우리의 삶은 에너지 공급이 계속되거나 더 많아진다는 가정을 하고 이루어진다.

진화한 고등 생명체일수록 에너지 소비량이 크다. 풀 한 포기는 흙과 햇빛 정도만 있으면 되지만 포유류는 이에 비할 수 없는 많은 에너지를 요구한다. 보통의 사람이 하루에 소비하는 에너지를 생각해보라. 아침에 일어나서 자기 전까지, 혹은 사면서도 여러 가지 물건과 장비에 의한 에너지 소모를 요구한다. 특히 인간은 이미 만들어진 것, 많은 에너지의 집적으로 생산된 물건이나 서비스를 주로 사용한다. 그리고 더 좋은 상품, 더 많은 에너지가 반영된 상품을 구매하려 한다. 원하는 에너지의 총량에 비해 자신이 갖고 있는 부가 모자랄 때에는 이를 획득하기 위한 혹독한 경쟁이 유발되며 범죄와 같은 행동도 서슴지 않게 된다. 모두 궁극적으로는 에너지를 구하기 위한 방법인 것이다. 결과적으로 현대사회는 많은 에너지를 소비하고 소비하기 위해 엔트로피를 증가시키는 셈이다.

산업사회는 에너지의 배분과 활용 면에서 효율을 추구한다. 부여한 에너지 대비 최대한의 이득을 얻는 것을 목표로 생산 과정에 필요한 원료의 공급, 동력의 배치 등에서 낭비되는 에너지의 손실을 막는다. 조금이라도 더 나은 결과물을 나을 수 있는 방법이 있다면 도입을 주저하지 않는다. 이러한 합리화 과정에서 인간에 대한 고려는 배제된다.

열역학 제1법칙대로 하자면 전후 과정에서 에너지 총량의 변화는 없다. 열역학 제2법칙으로 하자면 처음에 심었던 씨앗 콩이 싹으로 트는 과정에서 토양에 있던, 햇

빛에 있던 사용 가능 에너지가 사용 불가능한 에너지로 환원된 셈이다. 결국 우주에 존재하는 모든 물질과 이들의 변화 과정은 다른 물질로부터 영향을 받은 결과이며 또 이는 어떤 식으로든 다른 것들에 영향을 주게 된다. 우주에 존재하는 모든 물질은 하나의 에너지이면서 또한 거대한 체계에 포함되어 서로 긴밀한 관계를 유지한다. 만약 한 부분의 활동이 지나칠 때 이에 의한 영향은 다른 부분, 전체 시스템에까지 미치게 된다.

-참조자료 : 제레미 리프킨, 『엔트로피』

(나)

나는 라다크 사람처럼 정서적으로 건강하고 안정된 사람들을 만난 일이 없다. 그 이유는 물론 복합적이며, 전체적인 삶의 방식과 세계관에서 나온다. 그러나 나는 그 가장 중요한 요인은 자신이 훨씬 큰 어떤 것의 한 부분이며, 다른 사람들과 또 자신의 주위와 뗄 수 없이 연결되어 있다는 느낌이라고 확신한다. 라다크 사람들은 자신들의 땅에 속해 있다. 그들은 나날의 친밀한 접촉을 통해서, 변화하는 계절, 필요, 제약들을 포함한 그들의 가까운 환경에 대한 지식을 통해서 그 삶터에 결속되어 있다. 그들은 자신들이 속해 있는 살아 있는 맥락을 의식하고 있다. 별들과 해와 달의 움직임은 그들의 나날의 활동에 영향을 주는 친숙한 리듬이다.

그들의 만족과 마음의 평화는 외부의 상황에 좌우되는 것으로 보이지 않는다. 그런 것은 내면으로부터 온다. 라다크 사람들의 다른 사람들과의 관계, 그들 주위와의 관계는 내면의 평정과 만족감을 키우는 데 도움이 되었다. 그들의 종교는 사람이 건강하고 따뜻하고 안락하고 배부르더라고 그가 무지 한 한 행복하지는 못하리라는 것을 일깨워주었다.

-헬레나 노르베리-호지, 『오래된 미래』 중에서

써보기

<table>
<tr><td rowspan="2"># 대입 논술 모의고사 C형</td><td>제한시간</td><td>30분</td></tr>
<tr><td>이름</td><td></td></tr>
</table>

논제 : 제시문 (가)의 관점에서 제시문 (나)의 내용이 실제 현실에 적용되었을 때 예상되는 문제점을 밝히고 이를 비판하시오. (600자 내외)

제시문 ··●

(가)

법의 목적은 평화며 그것을 위한 수단은 투쟁이다. 그런데 법이 불법에 의해서 공격을 받는 한 이와 같은 현상은 세상이 존속하는 동안 계속되겠지만 법은 투쟁을 중단하지 않을 것이다. 그것은 법의 생명이 바로 투쟁, 즉 민족과 국가권력, 계급과 개인의 투쟁에 있기 때문이다. 이 세상의 모든 법은 쟁취된 것이며, 모든 중요한 법규는 이에 대항했던 사람들로부터 싸워서 빼앗은 것이다. 어느 개인의 권리든 민족의 권리든 모든 권리는 그것의 주장을 위해서 끊임없이 투쟁 준비가 전제된다. 법은 단순한 사상이 아니라 생동하는 힘이다. 그러므로 정의의 여신은 한 손에는 권리의 무게를 달 수 있는 저울판과 다른 손에는 권리를 주장할 수 있는 검을 쥐고 있는 것이다. 절제를 모르는 검은 하나의 폭력이며 반대로 검을 갖지 못한 절제는 무력(無力)을 뜻한다. 즉 이 두 가지는 한쌍을 이루는 것이다. 그러므로 완전한 법의 실현이란 검을 찬 정의의 여신이 검을 사용하는 힘의 저울판을 잘 조정하는 숙련에 의해서만 가능하다.

법이라는 용어는 흔히 두 가지 뜻으로 사용된다. 즉 객관적이고 주관적인 의미가 그것이다. 객관적인 의미의 법은 국가가 맡아서 주관하는 생활의 법적 질서로서 모든 법규의 총괄개념이며, 주관적인 의미의 법은 추상적 규범을 구체적인 개인의 권리로 지향함으로써 실제화된다. 그런데 법은 위의 두 가지 방향에서 동시에 저항을 받음으로 그 저항을 이 두 가지 방향에서 모두 물리쳐야 한다. 다시 말해서 법은 자기의 존재를 투쟁과정 속에서 획득하거나 주장해야 한다. 나는 내가 고찰하고자 하는 본래 대상으로서 두번째 방향을 선택했다. 그러나 내가 중단해서는 안 될 것은 투쟁이 법의 본질 속에 있다는 내 주장을 첫번째 방향에서도 역시 증명해 보이는 것이다.

사실 수많은 개인이나 모든 계급의 이해관계가 세월의 흐름과 함께 현행법과 밀접이 연관되기 때문에 이들 개인이나 계급이 추구하는 이해를 위와 같은, 극히 예민한 방법으로 침해하지 않고서는 법 개정이 불가능한 것이다. 즉 법규나 제도 자체에 의문을 던진다는 것이며 수천 개의 빨로 밀착되어 있는 해파리를 떼어내는 것과 같다. 그러므로 이러한 종류의 모든 시도는 자기보존을 위한 자연적인 충동으로써 이익을 침해당하는 자들의 강한 반항을 받게 되어 결과적으로 투쟁을 야기시킨다.

법은 역사가 보여주는 모든 위대한 업적, 즉 노예와 농노제도의 폐지, 토지소유권과 상업 및 신앙의 자유 등은 격렬한, 때로는 수세기 동안 계속된 투쟁을 통해서만 비로소 획득될 수 있었던 것이다. 그래서 유혈의 참사가, 또한 도처에서 유린된 권리가 법이 설어 온 발자취를 보여주는 경우가 드물지 않다. 왜냐하면 "법은 사기 자식을 잡아먹는 사탄이기 때문이다. 즉 법은 스스로의 과거를 청산함으로써만 젊어질 수 있기 때문이다." 일단 성립되었기 때문에 영원히 무한정으로 계속되기를 요구하는 구체적인 법은 마치 자기를 낳아준 엄마에게 팔을 내저으며 대항하는 어린애와 같다. 즉 그것은 법 이념에 의지하면서 오히려 그것을 헐뜯음으로써 모욕하는 것이다. 왜냐하면 법 이념은 영원한 생성이지만 이미 생성된 것은 새롭게 생성되는 것에 자리를 제공해야 하기 때문이다. 그 이유는 다음과 같다. 형성된 모든 것은 그

것이 파괴되기 때문에 가치가 있다.

-루돌프 폰 예링,『권리를 위한 투쟁』중에서

(나)

　법을 통해 국가를 통치하는 사람은 존재할 수도 그러지 않을 수도 있는 불확실한 것에 대한 의견을 가진 자여서는 안 된다. 그는 절대적 진리를 알고 있어야 하며 이를 국가 통치에 적용해야 한다.　이데아란 우리의 감각으로 알 수 없는 절대적 진리의 이상 세계로써 세계의 본질이며 원형이다. 우리가 보고 듣는 이 세계는 모두 이데아의 복사판이다. 상식적으로 생각하면 책상과 의자는 목수에 의해, 나무재료에 의해 만들어진 것이지만 이러한 대상들이 우리 눈에 보이기 전에 이데아의 세계에서 이미 기획되어 우리 삶에서는 그 형태만이 표현된 것이다. 즉 책상의 원형은 이데아에 있으며 책상의 그림자가 이 세계에 투사되고 있는 셈이다. 그럼 우리는 어떻게 이데아를 볼 수 있을까? 이데아를 보는 방법은 지성이 유일하다. 소크라테스의 말을 빌리자면 그것은 논리이자 추론이다.

　나라를 통치하는 사람이 왜 꼭 철인이어야 하는지도 이데아 이론이 설명해준다. 이데아의 세계를 이해할 수 있는 사람은 상대적인 견해에 좌우되지 않고 절대적 진리를 향해 나아간다. 당연히 국가 행정에 있어서 그때그때의 상황이나 무수히 많은 이해관계에 흔들리지 않고 절대적으로 옳은 방향을 추구할 수 있기 때문이다. 눈에 보이는 대상들에 집착하면 상상과 믿음이 자라게 되고 사유하고 인식할 수 있는 대상들에 집착하면 이성과 지성이 확대될 것이다. 또 그러한 자가 통치하는 국가는 가장 올바른 모습으로 발전할 것이다.

　플라톤이 예를 들어 설명하는 동굴 이야기에는 두 부류의 사람이 등장하는데 지적 직관능력이 있는 사람과 감각기관에만 얽매어 사는 사람이다. 이 '얽매임'이라는 말에 주목하면서 소크라테스의 동굴로 들어가보자. 이 동굴에는 입구에서 좀 들어가면 모닥불이 활활 타오르고 있고 그 다음에 사람들이 손발이 묶인 채로 동굴 입구 쪽으로 등을 향하고 있다. 그들이 보고 있는 시선은 당연히 동굴 벽이다. 감각기관에 의해 살아가는 사람들, 논리능력이 없는 사람들은 손발이 꽁꽁 묶여 동굴 벽에 그려지는 그림자를 보고 있는 사람과 같다. 그런데 대부분의 세상 사람들이 이들과 같은 처지에 놓여 있다. 반면 지적 직관을 사용할 줄 아는 사람은 동굴 밖의 세계에 서 있는 사람이다. 그는 세상의 참 모습을 곧이 곧대로 볼수 있는 사람이다. 실제로 존재하는 세계는 동굴 밖이며 동굴 벽의 그림자는 허상인 셈인데 대개의 평범한 사람들은 쉽게 동굴 밖, 이데아를 보지 못한다. 한 나라를 통치하는 사람은 동굴 밖에 있어서 세계의 실재를 볼 수 있어야 한다. 물론 그런 능력을 갖추기 위해서는 수많은 교육이 뒤따라야 하는데 예비 과정으로써 일반적인 교양 습득과 변증술, 실무 교육까지 합쳐 무려 나이 50세까지 진행되어야 한다.

-플라톤, 『국가』 중에서

써보기

대입 논술 모의고사 D형

<table><tr><td>제한시간</td><td>60분</td></tr><tr><td>이름</td><td></td></tr></table>

논제 : 제시문 (다)의 문제에 대하여 제시문 (나)와 연관지어 원인을 밝히고 제시문 (가)의 관점에서 비판하시오. (1,200자 내외)

제시문 --●

(가)

세상의 모든 사람들이 아름다움을 인식하기 때문에 추함이라는 반대 의미가 생겨난다. 또 선이라는 착한 개념이 있기 때문에 '착하지 않음'이라는 개념이 생긴 것이다. 유와 무, 어려움과 쉬움, 길고 짧은 것, 높고 낮은 것, 앞과 뒤 같은 상대적 개념 역시 마찬가지이다.

가장 좋은 정치는 아무 것도 강요하지 않는 것으로써 백성들이 전혀 알지 못한다. 그 다음의 정치는 덕으로 다스리는 것인데 백성들이 친근감을 느끼고 좋아한다. 그 다음의 정치는 법으로 다스리는 것인데 백성들이 겁을 먹고 따른다. 마지막 정치는 폭력이며 백성들로부터 미움과 욕을 듣는다.

도가 쇠약해지면서 도덕이 나타났고 지혜를 짜면서 인위적인 질서가 생겨났다. 가족이 서로 화목하지 못하므로 효자 같은 윤리를 내세우게 되었고 국가가 어둡고 흐트러짐에 따라 충신 같은 존재를 강조하게 되었다.

밝은 도는 마치 어두운 듯하다. 앞으로 나가는 도는 마치 뒤로 물러나는 듯하다. 평평한 도는 울퉁불퉁한 듯하다. 가장 흰빛은 마치 검은빛 같다. 넓은 덕은 마치 모자라는 듯하다.

가장 큰 방은 구석이 없고 가장 큰 그릇을 만들 수가 없고 가장 큰 소리는 들리지 않고 가장 큰 형상은 형태가 없다.

- 노자, 『도덕경』 중에서

(나)

칸트는 『순수이성비판』에서 인간이 사물을 인식하는 과정을 여러 단계로 나누어 구분한다. 칸트에게 있어 경험의 성립은 바로 인식의 성립으로 이어지지 않는 것이다. 경험이 인식이 되는 과정에는 오성이라는 인간의 타고난 능력이 관여하게 되며 이 때의 오성은 범주화의 방법을 통해 대상을 인식의 단계로 넘겨주는 역할을 한다. 범주란 분량, 성질, 관계, 양상과 같은 구분을 통해 사물을 판단하는, 인간에게 부여된 선천저 능력이다. 내 눈 앞에서 펼쳐지는 시각석 경험은 범주화라는 오성능력에 의해 분류되고 배열된 후에라야 최종적으로 인식되는 것이다.

범주

1. 분량(Quantity) : 전체, 일부, 하나

2. 성질(Quality) : 현실성, 부정성, 한계성

3. 관계(Relation) : 실체, 원인, 상호작용

4. 양상(Modality) : 개연성, 실연, 필연성

(다)

시험은 감시하는 위계질서의 기술과 규격화를 만드는 상벌 제도의 기술을 결합시킨 것이다. 시험은 규격화하는 시선이고 자격을 부여하고 분류하고 처벌할 수 있는 감시이다. 그것은 개개인을 분류할 수 있는 제재를 가할 수 있는 가시성의 대상

으로 만들어버린다. (…중략…) 시험은 개인을 자료의 영역 속으로 집어넣는다. (…중략…) 시험은 위계질서적인 감시와 규격화에 따른 처벌을 결합시키면서 배분과 분류, 힘과 시간의 양에 대한 최대한도의 이용, 단계적이고 지속적인 자료 축적, 적성에 대한 최적의 조립 효과 등 주요한 규율 중심적인 기능을 확보한다.

-미셸 푸코, 『감시와 처벌』 중에서

써보기

A형

논제 분석

- '주장과 근거를 중심으로' : 제시문이 주장과 근거로 되어 있다는 단서
- 각 단락의 요지 및 핵심 의미들을 인과 관계로 정리한다.
- '400자~600자 요약' : 선택과 취사를 해 내용을 재구성할 필요가 있다.

독해하기

1

　계몽이란 인간이 의타적 상태로부터 벗어나는 것이다. 의타적 상태에 처한 인간은 남이 이끌어주지 않으면 자신의 지성을 사용하지 못한다. 그러한 상태는 그가 스스로 초래한 것이다. 의타적 상태는 지성의 결핍이 아니라 남의 도움 없이 지성을 사용하려는 결단과 용기의 결핍에서 비롯한다. "과감히 알려고 하라! 지성을 사용할 용기를 가져라!"가 바로 계몽의 구호이다.

　　· 계몽이란 인간이 의타적 상태로부터 벗어나는 것

　　· 의타적 상태는 남의 도움 없이 지성을 사용하려는 결단과 용기의 결핍

　　→ 계몽=지적 결단과 용기의 결핍 극복

2

대부분의 사람들은 일생토록 의타적인 상태에 머물고 다른 사람이 그들의 후견인 노릇을 한다. 그러한 상태는 나태와 비겁에서 기인한다. 의타적 상태에 머무는 것은 매우 편안하다. 책이 내 대신 지적인 활동을 하고, 성직자가 내 양심을 지키고, 의사가 내 건강을 위해 식단을 짜준다면, 나는 굳이 수고할 필요가 없다. 돈만 낼 수 있다면 나는 생각하지 않아도 된다. 다른 사람들이 나를 위해 번거로운 일들을 기꺼이 떠맡을 것이다. 후견인들은 감독자 역을 자청한다. 후견인들은 우선 피보호인을 입 다물게 한 후 잠자코 있는 그 피보호인에게 그가 보행기 없이는 한 걸음도 감히 떼어 놓을 수 없다고 분명하게 주지시킨다. 그러고 나서 후견인들은 피보호인이 혼자 걸으려고 시도할 때 당면하게 될 위험들을 알려준다 실패의 사례들이 제시되면 피보호인은 겁을 먹어서 더 이상의 시도를 하지 않게 된다.

- 대부분의 사람들은 의타적인 상태에 머물고 다른 사람이 후견인 노릇을 한다.
- 의타적 상태에 머무는 것은 매우 편안하다.
- 피보호인은 겁을 먹어서 더 이상의 시도를 하지 않게 된다.

→ **후견인들에 의해 의타적 상태 지속, 극복 시도 않음**

3

개인이 의타적인 상태에서 벗어나는 것은 매우 어렵다. 그는 자신에게 거의 천성이 되어버린 의타적인 상태를 선호하게 되어 당장은 그의 지성을 정말로 사용하지 못한다. 그동안 아무도 그에게 지성을 사용하도록 하지 않았던 것이다. 법령과 규칙들, 개인의 타고난 재능을 합리적으로 사용하거나 잘못 사용하는 저 기계적 자용들은 의타적 상태를 영속화시키는 족쇄들이다. 누군가 그 족쇄들을 벗어던진다 하더라도 그는 단지 좁은 도랑을 겨우 건넌 데 불과하다. 그는 아직 그런 유의 움직임에 익숙하지 않다. 무능력에서 벗어나 꾸준히 전진할 수 있도록 자신의 마음을 단련하는 데 성공하는 사람은 매우 드물다.

· 거의 천성이 되어버린 의타적인 상태를 선호하게 된다.

· 아무도 그에게 지성을 사용하도록 하지 않았던 것이다.

· 법령과 규칙들은 의타적 상태를 영속시키는 족쇄들이다.

→ 사회제도에 의해 지성 사용의 기회 박탈

4

자유 이외에 계몽을 위해 필요한 것은 없다. 자유라는 이름으로 부를 수 있는 그 모든 것들 중에서 이성을 공적으로 사용하는 자유가 가장 중요하다. 그러나 사방에서 따지지 말라는 소리가 들린다. 장교는 따지지 말고 그저 훈련하라고, 세무원은 따지지 말고 그저 세금을 내라고, 성직자는 따지지 말고 그저 믿으라고 말한다. 도처에서 자유는 제한된다. 그렇다면 어떠한 제한이 계몽을 방해하고 어떠한 제한이 계몽을 촉진하는가? 나는 이성의 공적인 사용은 언제나 자유로워야 하며 그것만이 인간들에게 계몽을 가져온다고 대답하고자 한다.

· 자유 이외에 계몽을 위해 필요한 것은 없다.

· 이성을 공적으로 사용하는 자유가 가장 중요하다.

· 이성의 공적인 사용은 언제나 자유로워야 하며 그것만이 인간들에게 계몽을

가져온다.

→ 계몽을 위해 이성을 공적으로 사용하는 자유 필요

5

누군가 "우리는 지금 계몽된 시대에 살고 있는가?"라고 질문한다면 아니라고 대답해야 한다. 우리는 지금 계몽 중인 시대에 살고 있다. 사람들이 여러 면에서 외부의 도움 없이 자신들의 이성을 확고하고 자유롭게 사용할 수 있도록 하는 여건이 현재로서는 갖추어지지 않았다. 그러나 사람들이 자유롭게 활동할 수 있는 장이 열리고 있다는 명백한 조짐들을 우리는 본다. 계몽을 가로막고 의타적인 상태로부터의 해방을 가로막는 장애들이 조금씩 제거되고 있다. 이 시대는 계몽 중인 시대이다.

· 우리는 지금 계몽 중인 시대에 살고 있다.

· 자신들의 이성을 자유롭게 사용할 수 있는 여건이 현재로서는 갖추어지지 않았다.

· 계몽을 가로막는 장애들이 조금씩 제거되고 있다.

→ 이성 사용이 자유가 조금씩 확대되어가고 있는 상황

종합하기

• 계몽의 개념

• 비계몽의 현상 및 원인

• 비계몽에서 계몽으로 가기 위한 요소

- 계몽과 비계몽의 개념 : 1~2문장
- 의타적 상태의 원인 및 이로 인한 악화 현상 : 3~4문장
- 계몽을 위해 필수적인 이성사용의 자유 및 현재 상황 : 2~3문장

〈예시 답안〉

　계몽은 지적 결단과 용기를 사용함으로써 타인에 대한 의존 상태를 벗어나는 것을 뜻한다. 따라서 의존상태인 비계몽은 지적 능력의 결여가 아니라 결단과 용기의 미실행이다. 많은 사람들이 결단과 용기를 실행하지 못하는 것은 의타성이 주는 편안함 때문이다. 특히 사회 다방면에 걸쳐 후견인으로서 역할하는 이웃들은 각자의 역할들을 통해 나의 주체적인 시도와 모험을 불가능하게 한다. 또 그들 후견인은 장래에 올 수 있는 위험을 주지시켜 나를 거듭 피보호인으로 주저앉게 한다. 강제적인 기계장치 같은 사회의 법령과 규칙들 속에서 그들은 내가 지성을 사용할 수 있는 기회를 주지 않으며 나는 거듭 이러한 의타적 상태를 하나의 천성적인 조건, 삶의 본질 정도로 받아들이게 된다. 이의 극복은 자유뿐이다. 이성을 공적으로 사용할 수 있는 자유가 강조되어야 하며 나를 둘러싼 사회 전체가 여기에 방향을 같이해야 한다. 현재는 이성을 사용하는 자유가 조금씩 확대되어 가고 있고 이런 면에서 계몽은 진행 중이라 할 수 있다.

B형

- (가), (나)를 각각 정리하면서 차이점을 도출한다.
- 이러한 차이가 (가) 문제의 원인으로 작용함을 증명한다.
- 제시문 (가)의 세계관과 현대 사회문제의 인과관계를 증명한다. 개인 의견을 드러낼 필요는 없다.

독해하기

(가)

- 엔트로피 법칙 : 사용이 가능한 것에서 불가능한 것으로, 질서에서 무질서로 변화
- 과학 기술에 의해 더욱 질서 있는 세계가 기능하다는 인간의 질못된 믿음, 잘못된 진화 개념
- 인간의 믿음과 달리 날로 엔트로피가 증가되는 현대 사회
- 합리화 과정에서 인간성 배제, 이를 극복하기 위한 근본적 통찰 필요
- 하나의 에너지 체계로 연결되어 있는 세계
- ➡ 엔트로피 법칙을 무시한 세계관으로 인해 현대 사회의 문제 발생

(나)

- 라다크인들의 건강하고 안정된 삶
- 자신을 자연의 일부로 생각하는 세계관

종합하기

- 제시문 (가) : 끝없는 발전을 전제, 엔트로피 증가라는 자연법칙을 무시해 우히

려 엔트로피를 증가시킴.

- 제시문 (나) : 인간을 자연의 일부로 전제하고 자연법칙에 따라 건강하고 안정
된 삶을 보냄.

→ 어떠한 세계관을 전제하느냐에 따라 다른 결과가 나옴.

- 제시문 (가)와 (나)의 차이점

  -자연법칙을 무시함으로써 엔트로피 증가

  -자연에 귀속됨으로써 건강하고 안정된 삶

  -궁극적으로 자연에 관한 인식의 차이

- 제시문 (가)의 세계관을 원인으로 하는 여러 문제들

  -과도한 에너지의 소비

  -이로 인해 여러 엔트로피적 문제들(자연 파괴, 범죄, 인간성 상실) 발생

〈예시 답안〉

　　제시문 (가)에 소개되는 엔트로피 법칙은 사용 가능한 에너지에서 더 이상 사용할 수 없는 에너지로의 변화를 핵심으로 한다. 이는 지구의 자전이나 중력처럼 인간의 의지와 무관한 것으로 오히려 인간이 따라야 할 자연세계의 절대 법칙이랄 수 있다. 그런데 도시와 산업화로 대변되는 현대 문명 사회는 이를 무시한 발전 개념을 전제함으로써 자연을 왜곡하고 자신들의 삶마저 왜곡하는 결과적으로 많은 엔트로피의 증가를 초래하였다. 반면 제시문 (나)의 라다크 사회는 사람이 자연의 한 구성물이자 여타의 다른 자연 구성물들과 연결되어 있기에 삶은 전체 자연과의 조화 속에서만 논의된다. 결과적으로 제시

문 (가)와 (나)는 인간이 자연을 바라봄에 있어 취하는 태도에서 분명한 차이를 보인다.

특히 제시문 (가)와 같은 잘못된 전제는 과학기술이 더 유용하고 질서 있는, 즉 사용 가능한 에너지를 거듭 생산할 수 있다는 믿음으로 확대되기에 많은 에너지의 소비를 정당화하고 촉진시키게 된다. 이제 어느 나라에 가든 보편화된 도시화와 산업화는 막대한 에너지의 소비 역시 하나의 보편적 현상임을 증명하는 사례라 할 수 있다. 같은 전제에서, 원천 에너지를 갖고 있는 자연의 활용과 개발을 주저할 이유가 없어진다. 그러나 제시문의 사례에서 보듯이 현대 문명사회는 각종 범죄를 비롯한 다시 사용할 수 없는 폐기물로 넘쳐나고 결국 도시화, 산업화가 진행될수록 엔트로피가 증가되는 자연법칙에 종속된다. 가장 큰 문제는 발전을 위해 인간 역시 도구화되면서 개개인이 갖고 있는 고유의 창조성과 자율성은 불필요하고 무가치한 에너지로 받아들여진다는 점이다.

C형

- (가)의 관점과 (나)의 내용을 정리한다.
- (가)의 관점에서 (나)를 보았을 때 예상되는 문제점을 도출한다.
- 이들에 대한 각각의 비판 혹은 그러한 문제점들이 도출될 수밖에 없는 (나)의 근원적 사고체계를 비판한다.

독해하기

(가)

- 법의 생명은 투쟁이다.
- 모든 법은 쟁취된 것이며, 대항했던 사람들로부터 싸워서 빼앗은 것이다.
- 객관적인 의미의 법은 국가 주관의 법적 질서이다.
- 주관적인 의미의 법은 개인의 권리를 지향한다.
- 모든 이해관계가 현행법과 연관되기 때문에 이를 침해하지 않고서는 법 개정이 불가능하다.
- 모든 법 개정의 시도는 이익을 침해당하는 자들의 반항으로 인해 투쟁을 야기시킨다.
- 법은 과거를 부정함으로써 새롭게 변화될 수 있다.

(나)

- 절대적 진리를 이해하고 이를 국가 통치에 적용한다.
- 철학자가 이해관계에 흔들리지 않고 옳은 방향을 추구할 수 있다.
- 평범한 사람들은 동굴 밖, 이데아를 보지 못하지만 통치자는 동굴 밖, 세계의

실재를 볼 수 있어야 한다.

- 법 체계의 대립적 속성
- 현행법에 반영된 이해관계의 구조
- 기존 법체계를 변화시키려 할 때 투쟁을 야기
- 절대적 진리에 바탕한 국가 통치
- 절대적 진리를 인식할 수 있는 사람(철학자)과 인식이 불가능한 대중
- 철학자가 국가를 통치해야 하는 이유

- (가) 관점 정리, (나) 내용 간단 요약
- (가) 관점에서 (나)의 문제점 도출

  -하나의 가치를 절대화

  -폐쇄적 사회 구조

  -권력자의 한계
- 근원적 원인 비판

  -절대적 세계의 전제

<예시 답안>

    제시문 (가)에서 논의하는 법은 사회구성원 간의 끊임없는 투쟁의 결과물로 고정되어 있지 않고 항상 변화 가능한 합의적이고 상대적인 질서이다. 반면 제시문 (나)에서 법은 직접적인 논의 대상은 아니지만 절대적 세계관을 설정

함으로 인해 법에 대한 관점이 (가)와 대립될 수밖에 없음을 추론할 수 있다. (가)의 관점에서 보았을 때 (나)의 세계관이 실제화될 경우 다음과 같은 문제들을 가정할 수 있을 것이다.

우선 (나)사회는 하나의 기준으로 사회의 모든 요소가 정비되는 사회이다. 마치 중세 유럽의 기독교나 조선의 유교처럼 사회 전반이 단일한 가치체계로 작동됨으로써 이에 반하는 가치나 사고를 불법으로 간주하게 된다. 그리고 이런 체계 내에서는 폐쇄적인 사회 구조만를 고집하게 된다. 새로운 시각이 유입될 수 있는 기반 자체가 없기 때문에 인간의 인식 수준은 늘 제자리에 머무르게 되고 계층 간, 개인과 개인 간의 관계에 있어서도 인습적 전통이 모든 사고와 행위의 전범으로 자리잡게 된다. 또 국가 통치의 여러 세부적인 영역은 지배권력층에 의해 수행될 수밖에 없는데 아무리 명석한 최고 통치자라 하더라도 이들 지배권력층의 이해관계를 초월하여 홀로 진행할 수는 없다.

결국 이러한 문제의 근본 원인은 법과 같은 질서 개념을 상호 이해관계에 바탕한 상대적 합의적 관점으로 바라보지 않고, 우리의 이해관계와 상관 없는 '바깥'에서 가져오기 때문이다. 동굴 속에 사는 원시인들이 전혀 세계의 진리를 모르더라도 그들이 스스로 합의하여 만들어낸 법 질서는 서로의 이해관계에 의해 만들어지고, 언제든 변화할 가능성이 있기 때문에 그들에게 보다 적합하다 할 수 있다.

D형

- 제시문 (다)의 내용에 대해 문제를 제기한다.

- 제시문 (나)를 바탕으로 원인을 분석한다.

- 제시문 (가)의 관점에서 (다)를 비판한다.

(가)

- 인위적 기준에 의해 상대적 개념이 생성된다.

- 인위적 정치는 부자유스럽다.

- 노가 쇠약해져 인위적 질서가 만들어진다.

- 도는 경계가 없다. 따라서 인위적 기준에 의해 측정할 수 없다.

(나)

- 경험은 범주화라는 오성능력에 의해 인식된다.

- 범주는 대상을 분량, 성질, 관계 양상 등으로 분류한다.

(다)

- 시험은 위계와 규격화의 기술을 응용한다.

- 이를 통해 인간의 속성을 가시적 상태로 구체화하고 감시와 처벌이 가능해진다.

- 사람을 평가 측정하기 위해서는 나름의 기준 필요

- 인위적 기준 설정 → 대상의 측정 → 대상 분류 → 대상 판단 : 시험
- 시험 결과에 의한 상벌 제도
- 좋은 판단결과를 얻기 위해 노력 : 인간을 통제하는 기능
- 이는 (가)의 관점에서 잘못된 일
- 세계는 특정 기준 없음, 특정 경계도 없음.
- 세계의 혼탁(도의 쇠약) → 인간의 인위적 가치 생성 → 우열 생성 → 더욱 혼탁해짐

서론

- 시험의 특성 : 우열을 가리기 때문에 부담스러움
- 문제 제기 : 생존과 관련한 문제이면서 동시에 인간을 감시할 수 있는 최고 수단

본론 1

- 칸트의 범주화 속성

  -특정 기준에 의한 대상 분류

  -필수적으로 우열 생김

본론 2

- 시험의 기능 및 원리

  -객관적 측정이 어려운 인간의 속성에 대한 가시성 확보

  -인간에 대한 규격화 및 통제 가능, 이성의 도구화

본론 3

- 인위적 가치의 폐해

  -가치 개념은 인위적임, 자연에 없는 것

  -인간 문명은 개념을 거듭 생성하고 그에 대한 이의를 대입하며 발전

  -세계를 왜곡, 스스로 속박하는 오류

결론

- 유행어를 통해 가치 개념의 생성 및 부합하려는 시도를 살펴본다.
- 현대인은 서로 피곤한 게임을 계속힌다.

<예시 답안>

　시험이 부담스러운 것은 그 결과에 의해 나라는 존재가 우수한지, 열등한지를 평가받기 때문이다. 삶을 영위하는 동안 모든 개인들에게 필수적인 학업이나 취업, 최근에는 결혼과 같은 지극히 개인적인 영역에까지도 시험처럼 우열을 가리는 과정을 밟는다. 이제 현대인들에게 시험은 생존과 관련한 문제이며 동시에 문명사회를 살아가는 인간들을 감시할 수 있는 최고의 수단이 될 수도 있다.

　제시문 (나)를 참고하였을 때 이 같은 시험의 원리가 사실은 인간의 이성능력에 비탕하고 있음을 추리할 수 있다. 칸트는 인간이 타고난 오성능력에 의해 대상을 몇 개의 기준으로 분류함으로써 경험대상을 최종적으로 인식 가능하다고 하였다. 이는 우리가 사물을 보고 듣고 만지는 등의 경험활동에서 어떤 판단을 이끌어낼 때에 항상 수반되는 작용이다. 다만 시험이 필수적으로 우열을 가려내듯 이러한 범주화 역시 대상에 대한 우열을 만들어낼 수밖에

없다. 혹은 범주화에서 인식으로 가는 과정 자체는 우열이 없다 하더라도 인간의 여러 생존활동에서 참조되고 해석되면서 우열이 생성될 수밖에 없다.

인간을 대상으로 하는 시험은 객관적 측정이 어려운 부분들을 정량적 표현으로 바꿔주는 역할을 한다. 가령 A와 B 중 누가 더 똑똑하냐는 막연한 문제이지만 학교성적으로 대치함으로써 차이를 명확히 할 수 있다. 또 이를 통해 필요한 만큼의 능력의 배치가 가능하다. 9등, 10등이 맡아도 무방한 직무에서 굳이 1등을 찾지 않을 것이며 10등에게는 더 적은 비용을 치를 수도 있다. 시험은 지식이나 능숙함, 심지어 개인의 성향과 같은 눈에 보이지 않는 것들을 가시적인 영역으로 가져와 인간을 규격화하고 통제할 수 있는 도구인 셈이다. 그리고 이 변환 과정을 관장하는 주요한 방법이 범주화 같은 이성능력이다. 시험은 이성의 도구화를 드러내주는 가장 대표적인 사례이자 지금 우리가 너무 익숙해져 있는 삶의 한 방식이다.

제시문 (가)의 견해에 비추었을 때 이러한 현대인의 삶의 방식, 그리고 이를 가능케 한 범주화는 비자연적이고 비인간적인, 한마디로 도를 거스르는 행위이다. 이유인즉 모든 가치 우열은 상대적이기 때문이다. 제시문 (가)의 언급처럼 좋은 생김의 기준을 들이댐으로써 미가 발생하고 좋지 않은 생김으로써 추가 발생하는 것이다. 또 이러한 기준은 인간이 만들어낸 인위적인 개념으로 실제 세계에는 존재하지 않는 것이다. 덕이니 법이니 하는 것들은 인간들이 질서를 만들기 위해 고안해낸 것으로 그것이 존재하는 것 자체가 이미 자연세계에 반하는 행위인 것이다. 반대로 아무 것도 강요하지 않고 좋은 것, 안 좋은 것의 구별이 없는 것이 가장 이 세계에 부합하는 것이며 인간에게도 부합하는 것이다. 그러나 인간의 문명은 덕에서 법으로, 그리고 공공연히 폭력까지도 인정하며 인위적 가치를 강요하는 형태로 발전해왔다. 따라서 (가)의 관점에서 보았을 때 시험은 다소 부담스러운 행위가 아니라 세계를 왜곡하고 스스로 속박하는 오류에 지나지 않는다.

최근 인터넷의 발전으로 예전보다 훨씬 빠르게 많은 유행어들이 만들어지고 있다. ○○남, ○○녀, ○○스타일 등에서 ○○에 붙는 말은 대부분 개인의 가치평가와 관련된 수식이다. 그만큼 우리는 어떤 가치 기준에 우리 스스로가 부합하는지에 신경을 곤두세우고 있는 것이다. 우리는 시험이 부담스럽고 싫으면서도 매일 서로를 평가하고 평가받는 피곤한 게임을 하고 있다. 소위 '능력남', '완소녀', '강남스타일'로 분류되기 위해 열심히 노력하고 있는 셈이다.

제시문을 더 읽고 싶다면

『철도여행의 역사』, 볼프강 쉬벨부쉬, 박진희 옮김, 궁리

『죽은 경제학자의 살아있는 아이디어』, 토드 부크홀츠, 류현 옮김, 김영사

『현대세계의 일상성』, 앙리 르페브르, 박정자 옮김, 기파랑

『계약결혼』, 시몬 드 보부아르, 이석봉 옮김, 선영사

『소비의 사회』, 장 보드리야르, 계명대학교 출판부

『작은 것이 아름답다』, 에른스트 슈마허, 이상호 옮김, 문예출판사

『억압 증후 그리고 불안』, 지그문트 프로이트, 황보석 옮김, 열린책들

『슬로 라이프』, 쓰지 신이치, 김향 옮김, 디자인하우스

『새빨간 거짓말, 통계』, 대럴 허프, 박영훈 옮김, 더불어책

『생각의 지도』, 리처드 니스벳, 최인철 옮김, 김영사

『오래된 미래』, 헬레나 노르베리-호지, 양희승 옮김, 중앙북스

『감시와 처벌』, 미셸 푸코, 오생근 옮김, 나남출판